SOCIÉTÉ
DES
ARCHITECTES
DE L'ANJOU

ANNUAIRE POUR L'ANNÉE 1892

ANGERS
IMPRIMERIE LACHÈSE ET Cie
4, Chaussée Saint-Pierre, 4
1892

SOCIÉTÉ
DES
ARCHITECTES
DE L'ANJOU

ANNUAIRE POUR L'ANNÉE 1892

ANGERS
IMPRIMERIE LACHÈSE ET Cie
4, Chaussée Saint-Pierre, 4
1892

DÉFINITION DU JETON-MÉDAILLE

La Médaille de la Société des Architectes de l'Anjou représente la tête de Pallas, *dont la personnification se rapporte au but que se propose la Société. La définition antique de Pallas est ainsi conçue :*

Pallas-Minerve, Déesse des Arts, pensée suprême de Jupiter, réalisée pour le bien et réunissant l'intelligence et la force, veillant à la formation et à la défense des villes, présidant à la justice, protégeant ceux qui la rendent en leur donnant la prudence et la sagesse.

A. B.

ORIGINE ET BUT DE LA SOCIÉTÉ

L'origine de la *Société des Architectes de l'Anjou*, comme celle de toutes sociétés professionnelles, a pris naissance dans le besoin de solidarité.

Cette solidarité est devenue d'autant plus nécessaire, que la profession d'Architecte est aujourd'hui mieux définie et que la lutte se fait plus vive entre tous les Constructeurs en général.

Si la profession d'Architecte, honorée chez tous les peuples, voit parfois faiblir la considération qui lui est due, cela tient à ce que tous les titulaires ne comprennent pas toujours la haute mission qui leur est dévolue.

En se réunissant en Société, en se groupant, qu'ils soient élèves de maîtres particuliers, de l'École régionale ou de l'École des Beaux-Arts, les Architectes honnêtes et probes, bien décidés à respecter les Règlements qu'ils ont acceptés, voient vite s'exercer une action de discipline et d'appui commun, en même temps que s'accroître une considération profitable aux intérêts de leur profession. Une association peut entreprendre ce qu'une individualité ne pourrait tenter, et ce aussi bien dans l'intérêt d'un seul que dans l'intérêt de tous.

Cette vérité a été bien comprise par la Société Centrale lorsqu'elle a fondé la Caisse de Défense Mutuelle, vaste association, appelée à réunir tous les Architectes Français en un faisceau avec lequel il faudra enfin compter.

En nous réunissant en Société d'abord, et en nous affiliant à la Société Centrale des Architectes Français ensuite, nous n'avons fait qu'obéir au grand courant qui entraîne les intérêts professionnels à se réunir pour lutter en commun.

La *Société des Architectes de l'Anjou* a donc pour but :

D'offrir à ses membres : un centre de réunion — de faciliter leurs relations d'affaires — de les aider et dans la mesure du possible d'aplanir les difficultés qu'ils peuvent rencontrer — de les informer et renseigner au moyen de publications, commissions, consultations, etc., etc. ;

D'étudier toutes questions professionnelles, et d'encourager les travaux intéressant la *Construction*, la *Science*, l'*Art*, l'*Archéologie*, l'*Architecture* enfin ;

D'entrer en relations avec les Sociétés et réunions d'Architectes, de leur soumettre des questions intéressant la profession, et, s'il y a lieu, d'appuyer les réclamations, requêtes ou propositions de ses Membres, auprès des Administrations publiques.

A. Beignet.

CALENDRIER POUR 1892

JANVIER			FÉVRIER			MARS			AVRIL			MAI			JUIN		
1	V		1	L		1	M		1	V		1	D		1	M	
2	S	1re Section.	2	M		2	M		2	S	***Réunion***	2	L		2	J	
3	D		3	M		3	J		3	D	***générale.***	3	M		3	V	
4	L	***Réunion***	4	J		4	V		4	L		4	M		4	S	1re Section.
5	M	***générale***	5	V		5	S	1re Section.	5	M		5	J		5	D	
6	M	***et***	6	S	1re Section	6	D		6	M		6	V		6	L	
7	J	***Banquet***	7	D		7	L		7	J		7	S	1re Section.	7	M	
8	V		8	L		8	M		8	V		8	D		8	M	
9	S	2e Section	9	M		9	M		9	S	1re Section.	9	L		9	J	
10	D		10	M		10	J		10	D		10	M		10	V	
11	L		11	J		11	V		11	L		11	M		11	S	2e Section.
12	M		12	V		12	S	2e Section.	12	M		12	J		12	D	
13	M		13	S	2e Section.	13	D		13	M		13	V		13	L	
14	J		14	D		14	L		14	J		14	S	2e Section.	14	M	
15	V		15	L		15	M		15	V		15	D		15	M	
16	S	3e Section.	16	M		16	M		16	S	2e Section.	16	L		16	J	
17	D		17	M		17	J		17	D		17	M		17	V	
18	L		18	J		18	V		18	L		18	M		18	S	3e Section.
19	M		19	V		19	S	3e Section.	19	M		19	J		19	D	
20	M		20	S	3e Section.	20	D		20	M		20	V		20	L	
21	J		21	D		21	L		21	J		21	S	3e Section.	21	M	
22	V		22	L		22	M		22	V		22	D		22	M	
23	S	Bureau.	23	M		23	M		23	S	3e Section.	23	L		23	J	
24	D		24	M		24	J		24	D		24	M		24	V	
25	L		25	J		25	V		25	L		25	M		25	S	Bureau.
26	M		26	V		26	S	Bureau.	26	M		26	J		26	D	
27	M		27	S	Bureau.	27	D		27	M		27	V		27	L	
28	J		28	D		28	L		28	J		28	S	Bureau.	28	M	
29	V		29	L		29	M		29	V		29	D		29	M	
30	S					30	M		30	S	Bureau.	30	L		30	J	
31	D					31	J					31	M				
Les jours croissent de 1 h. 6 m.			*Les jours croissent de 1 h. 33 m.*			*Les jours croissent de 1 h. 50 m.*			*Les jours croissent de 1 h. 43 m.*			*Les jours croissent de 1 h. 18*			*Les jours croissent de 34 m. et déc. du 21 au 30 de 4 m.*		

JUILLET			AOUT			SEPTEMBRE			OCTOBRE			NOVEMBRE			DÉCEMBRE		
1	V		1	L	Vacances.	1	J	Vacances.	1	S	***Réunion***	1	M		1	J	
2	S	***Réunion***	2	M		2	V		2	D	***générale.***	2	M		2	V	
3	D	***générale.***	3	M		3	S		3	L		3	J		3	S	1re Section.
4	L		4	J		4	D		4	M		4	V		4	D	
5	M		5	V		5	L		5	M		5	S	1re Section.	5	L	
6	M		6	S		6	M		6	J		6	D		6	M	
7	J		7	D		7	M		7	V		7	L		7	M	
8	V		8	L		8	J		8	S	1re Section.	8	M		8	J	
9	S	1re Section.	9	M		9	V		9	D		9	M		9	V	
10	D		10	M		10	S		10	L		10	J		10	S	2e Section.
11	L		11	J		11	D		11	M		11	V		11	D	
12	M		12	V		12	L		12	M		12	S	2e Section.	12	L	
13	M		13	S		13	M		13	J		13	D		13	M	
14	J		14	D		14	M		14	V		14	L		14	M	
15	V		15	L		15	J		15	S	2e Section.	15	M		15	J	
16	S	2e Section.	16	M		16	V		16	D		16	M		16	V	
17	D		17	M		17	S		17	L		17	J		17	S	3e Section.
18	L		18	J		18	D		18	M		18	V		18	D	
19	M		19	V		19	L		19	M		19	S	3e Section.	19	L	
20	M		20	S		20	M		20	J		20	D		20	M	
21	J		21	D		21	M		21	V		21	L		21	M	
22	V		22	L		22	J		22	S	3e Section.	22	M		22	J	
23	S	3e Section.	23	M		23	V		23	D		23	M		23	V	
24	D		24	M		24	S		24	L		24	J		24	S	Bureau.
25	L		25	J		25	D		25	M		25	V		25	D	
26	M		26	V		26	L		26	M		26	S	Bureau.	26	L	
27	M		27	S		27	M		27	J		27	D		27	M	
28	J		28	D		28	M		28	V		28	L		28	M	
29	V		29	L		29	J		29	S	Bureau.	29	M		29	J	
30	S	Bureau.	30	M		30	V		30	D		30	M		30	V	
31	D		31	M					31	L					31	S	
Les jours décroissent de 59 m.			*Les jours décroissent de 1 h. 38 m.*			*Les jours décroissent de 1 h. 46 m.*			*Les jours décroissent de 1. h. 43 m.*			*Les jours décroissent de 1 h. 19 m.*			*Les jours déc. de 27 m. et du 21 au 31 croissent de 8 m.*		

LISTE ALPHABÉTIQUE

Membres Fondateurs

	MM.	
ALEXANDRE	AÏVAS	Angers.
ERNEST	ARDOIN.	Saumur.
EUGÈNE	BARRÉ	Angers.
AUGUSTE	BEIGNET	id.
RENÉ	CHAUVEAU	id.
ÉMILE	DEPERRIÈRE.	id.
ADRIEN	DUBOS	id.
EUGÈNE	DUSOUCHAY	id.
JULES	DUSSAUZE.	id.
ALEXANDRE	GOUJON	id.
THÉOPHILE	LUSON	id.
AUGUSTE	MARTIN.	id.
FRANÇOIS	MEIGNAN	id.
ÉMILE	MOREL	†
HENRI	PINEAU.	Angers.
ERNEST	ROBIN	id.
ÉMILE	ROFFAY	Saumur.
FÉLIX	RUAULT	Angers.
JULES	SÉJOURNÉ.	id.
LÉON	TENDRON	id.

Membres Titulaires

	MM.	
ALEXANDRE	AÏVAS, Architecte de la ville d'Angers, rue du Bellay, 52	Angers.
ERNEST	ARDOIN, Architecte de la ville de Saumur, rue de Bordeaux, 41	Saumur.
EUGÈNE	BARRÉ, rue du Collège, 6	Angers.
AUGUSTE	BEIGNET, *S.-C.*, O. A., rue de la Préfecture, 4 . .	id.
RENÉ	CHAUVEAU, rue des Arènes, 8 bis	id.
FORTUNÉ	CHEVALLIER, Architecte de la ville de Cholet, rue Bretonnaise, 6, *Vice-Président*	Cholet.
ÉMILE	DEPERRIÈRE, *S.-C.*, rue Talot, 2	Angers

	MM.	
Adrien	DUBOS, rue Grandet, 10	Angers.
Eugène	DUSOUCHAY, boulevard du Roi-René, 13. . . .	id.
Jules	DUSSAUZE, Architecte départemental adjoint, O. A., rue Ménage, 19	id.
Alexandre	GOUJON, rue Hanneloup, 18	id.
Théophile	LUSON, S.-C., rue des Quinconces, 25 (près le Mail), *Bibliothécaire-Archiviste*	id.
Auguste	MARTIN, rue Desjardins, 45, *Secrétaire-Trésorier*. .	id.
François	MEIGNAN, rue Lionnaise, 44	id.
Henri	PINEAU, rue Saint-Joseph, 13	id.
Joseph	RABINEAU, rue Bodin, 6	Saumur.
Victor	RABJEAU, boulevard Gustave Richard.	Cholet.
Léon	RENARD, rue de la Gendarmerie, 9.	id.
Ernest	ROBIN, rue des Deux-Haies, 14	Angers.
Émile	ROFFAY, rue de Bordeaux	Saumur.
Félix	RUAULT, place de l'Esvière, 5	Angers.
Jules	SÉJOURNÉ, rue Desjardins, 2	id.
Léon	TENDRON, descente de l'Esvière, 2, *Président* . .	id.

Membres Honoraires

	MM.	
Ernest	DAINVILLE, *Président d'honneur*, place de l'Académie, 2, S.-C., O. A.	Angers.
Eugène	FROMAGEAU, rue d'Alsace, S.-C.	Saumur.
Prosper	LE MESLE, rue Desjardins, 7.	Angers.

Membres Correspondants

	MM.	
Alfred	ALDROPHE, Architecte de la Ville de Paris . . .	Paris.
Gab.-Aug.	ANCELET, Architecte du Conservatoire des Arts et Métiers	id.
Gaspard	ANDRÉ, Architecte	Lyon.
A.	De BAUDOT, Architecte du Gouvernement, Inspecteur général des Édifices diocésains	Paris.
Constant	BERNARD, Architecte du Gouvernement	id.
Joseph	BOUVARD, Architecte	id.
Abel	CHANCEL, Architecte du Ministère de l'Agriculture.	id.
Hipp.-Q.	CHEVALLIER, Architecte	Nice.

	MM.	
Adolphe	COQUET, Architecte.	Lyon.
Edouard	CORROYER, Architecte du Gouvernement, Inspecteur général des Édifices diocésains	Paris.
Octave	COURTOIS-SUFFIT, Architecte diplômé	Paris.
Édouard-L. Pr.	DAINVILLE, Architecte.	id.
César	DALY, Architecte, Directeur de la *Revue d'Architecture*	id.
Pierre-J.-H.	DAUMET, Membre de l'Institut, Président de la Société Centrale	id.
Ch.	DEMOGET, Architecte de la Ville de Bar-le-Duc, Président de la Société des Architectes de l'Est de la France	Bar-le-Duc.
Maurice-Ant.	DORMOY, Architecte	Troyes.
A.	DUBOIS, Architecte, arbitre près le Tribunal de Commerce	Paris.
Ch.-L.-Ferdinand	DUTERT, Architecte du Gouvernement, *S.-C.*	id.
Lucien	ÉTIENNE, Architecte du Domaine, *S.-C.*	id.
Jean	FORMIGÉ, Architecte de la Ville de Paris, *S.-C.*	id.
Ernest	GARIN, Architecte	id.
Charles	GARNIER, Membre de l'Institut	id.
Léopold	GEORGE	id.
Alphonse	GOSSET, Architecte.	Reims.
J.	GUADET, Architecte du Gouvernement, *S.-C.*	Paris.
Edm.	GUILLAUME, Architecte du Louvre et des Tuileries.	id.
Achille	HERMANT, Architecte du Gouvernement	id.
Jean-Juste	LISCH, Architecte du Gouvernement	id.
Charles	LUCAS, Architecte	id.
Lucien	MAGNE, Architecte du Gouvernement	id.
J.-Eugène	MONNIER, Architecte du Gouvernement	Paris.
Auguste	MOURCOU, Architecte, Secrétaire général de la Société régionale des Architectes du Nord de la France	Lille.
Henri-Paul	NÉNOT, Architecte de la Sorbonne	Paris.
Jean-Louis	PASCAL, Architecte de la Bibliothèque Nationale.	id.
Gustave	RAULIN, Architecte du Gouvernement.	id.
Paul-Léon	RAFFET, Architecte.	Tours.
Antoine-Henri	REVOIL, Architecte du Gouvernement.	Nîmes.
François	ROUX, Architecte du Gouvernement.	Paris.
Paul	SEDILLE, Architecte du Gouvernement	id.
Paul	WALLON, Architecte du Gouvernement	id.
Charles	VARINOIS, Architecte de la Banque de France	id.
E.	VAUDREMER, Membre de l'Institut.	id.

Sociétés Correspondantes

	Sièges.
Société Centrale des Architectes Français	Paris.
Société Académique d'Architecture de Lyon	Lyon.
Société des Architectes de Nantes.	Nantes.
Société des Architectes du Nord de la France.	Lille.
Société des Architectes de la Seine-Inférieure.	Rouen.
Société régionale des Architectes du Sud-Est	Nice.
Société des Architectes de la Touraine	Tours.
Société des Architectes de l'Aube.	Troyes.
Société régionale des Architectes de Saône-et-Loire, de l'Ain et du Jura	Lons-le-Saulnier.
Société des Architectes de l'Est de la France	Nancy.
Société régionale des Architectes du Poitou et de la Saintonge. .	Niort.
Société des Architectes du Dauphiné et de la Savoie	Grenoble.
Société des Architectes de l'Aisne.	Saint-Quentin.
Société régionale des Architectes du Midi de la France	Toulouse.

Académie des Sciences et Belles-Lettres d'Angers	Angers.
Société Industrielle et Agricole d'Angers et du département de Maine-et-Loire	Angers.

Les Assemblées de la Société ont lieu au Cercle de l'Industrie et des Beaux-Arts, boulevard de Saumur, à Angers, tous les trois mois, les premiers samedis de Janvier, Avril, Juillet et Octobre (article 5 du Règlement).

BUREAUX ÉLUS DEPUIS LA FONDATION DE LA SOCIÉTÉ

ANNÉES	PRÉSIDENTS	VICE-PRÉSIDENTS	SECRÉTAIRES-TRÉSORIERS	BIBLIOTHÉCAIRES-ARCHIVISTES
1887	BEIGNET	LUSON	DUBOS	
1888	BEIGNET	LUSON	DUBOS	
1889	LUSON	BEIGNET	TENDRON	
1890	LUSON	BEIGNET	TENDRON	
1891	TENDRON	CHEVALLIER	MARTIN	LUSON
1892	TENDRON	CHEVALLIER	MARTIN	LUSON

PRÉSIDENT D'HONNEUR

E. DAINVILLE

Architecte du Département
Directeur de l'École régionale des Beaux-Arts d'Angers

Le Bureau est composé d'un Président, d'un Vice-Président, d'un Secrétaire-Trésorier et d'un Bibliothécaire Archiviste, élus chaque année, à la réunion générale du premier samedi de janvier. Après avoir occupé la même fonction pendant deux années consécutives, nul ne pourra y rentrer qu'après une année d'intervalle. (Art. 6 du règlement modifié à la séance du 5 janvier 1891).

EXTRAITS

DES

PROCÈS-VERBAUX DES SÉANCES 1891-1892

Du 4 avril 1891 au 4 janvier 1892 inclusivement

Séance du 4 avril 1891

L'an mil huit cent quatre-vingt-onze, le quatre avril, la Société des Architectes de l'Anjou s'est réunie au siège social (Cercle du Boulevard), à huit heures du soir.

Étaient présents : MM. Barré, Chauveau, Chevallier, Dubos, Dussauze, Luson, Martin, Meignan, Ruault, Tendron.

Excusés, par lettres : MM. Beignet, Deperrière, Dusouchay, Goujon, Pineau, Robin et verbalement par M. Chevallier, M. Renard.

Les membres présents ayant vainement attendu que le quorum réglementaire fût atteint, ont dû se retirer sans pouvoir délibérer. Conformément à l'article 10 du règlement, la séance a été renvoyée au samedi 18 avril et avis en a été donné à tous les membres de la Société.

Quoique l'assemblée n'ait pu se constituer, le bureau, sur la demande des membres présents, a admis provisoirement en attendant la décision de la Société, la distribution des jetons de présence à cette réunion. M. le Secrétaire a distribué ces jetons à tous les membres présents, qui les ont acceptés, excepté M. Luson qui s'est refusé formellement, à titre de protestation à accepter le sien, donnant pour raison que ces jetons ne devaient être donnés qu'aux réunions régulièrement constituées.

Séance du 18 avril 1891

Étaient présents : MM. Aïvas, Tendron, Beignet, Chauveau, Deperrière, Dussauze, Luson, Martin, Meignan, Pineau et Ruault.

Excusés : MM. Barré, Goujon et Dusouchay.

L'ordre du jour envoyé le 7 avril était ainsi conçu :

Ordre du jour.

Le Bureau de notre Société a l'honneur de vous informer que la réunion générale trimestrielle aura lieu le samedi 18 avril 1891, à huit heures du soir, au siège de la Société (Cercle du Boulevard), conformément à l'article 10 du règlement, l'assemblée n'ayant pu se constituer régulièrement le 4 avril parce que le quorum statutaire n'a pas été atteint.

1° *Lecture des procès-verbaux des séances des 5 janvier et 4 avril 1891 ;*

2° *Résumé des travaux des Commissions ;*

3° *Communication du Bureau : allocution du Président, lecture de la correspondance, épreuves du tarif d'honoraires, fixation de la quantité d'imprimés, etc. ;*

4° *Réponse à la lettre de M. le Président de la Société centrale relative à la présentation de candidats aux récompenses de cette Société. — Vote ;*

5° *Projet d'excursion aux environs de Cholet. — Vote ;*

6° *Rapport du Bibliothécaire ;*

7° *Modification de l'article 10 du Règlement relativement au quorum réglementaire pour la constitution régulière des assemblées : la moitié plus un des membres résidants serait seule exigée. — Vote ;*

8° *Interprétation de l'article 14 en ce qui concerne la distribution des jetons de présence. — Vote ;*

9° *Consortium : Réponse au questionnaire relatif à la création ou au développement des Écoles d'architecture en province, inséré au bulletin n° 4 de l'Association provinciale.— Élection de délégués au Congrès de Limoges. — Vote sur la proposition d'un confrère d'avancer à la Société l'entrée à l'Association provinciale, remboursable en dix annuités de 25 francs.*

Observation. — *La Société ne pouvant continuer à exister que si les membres assistent régulièrement aux séances, vous êtes instamment prié de venir à la réunion du 18 avril.*

Lecture des procès-verbaux des séances des 5 janvier et 4 avril 1891.

Les procès-verbaux des séances des 5 janvier et 4 avril 1891 ont été lus et adoptés sauf deux modifications demandées à celui du 5 janvier : 1° à l'article vote du budget 1891, M. Dussauze a demandé qu'à la place du terme « sur la proposition » de M. Dussauze, il fût mis « sur l'observation » de M. Dussauze; 2° au sous-titre en marge, M. Dussauze a demandé qu'à la place du terme « vote de la proposition » de M. Dussauze, il fût mis « vote de la modification demandée » par M. Dussauze. Le Bureau a répondu qu'il serait fait droit aux demandes de M. Dussauze.

Lecture des lettres d'excuses.

Lecture a été faite des lettres d'excuses de MM. Barré, Dusouchay et Goujon.

Travaux des Commissions.

Les travaux des Commissions n'étant pas prêts, le résumé a été renvoyé à une autre séance.

Ensuite le Président a lu aux membres de la Société un discours au sujet de son entrée en fonctions, discours plein de talent dans lequel M. Tendron a su retracer et féliciter la bonne administration de ses prédécesseurs, exprimer à chacun de vrais sentiments de cœur et de reconnaissance, n'oubliant même pas ceux qui ne sont plus ; discours relevant avec autorité la dignité de notre profession, rempli de zèle et de dévouement pour notre Société, nous exhortant à la concorde, à l'assistance régulière aux réunions générales et des sections, et surtout à une loyale concurrence, base de notre bonne union, en un mot, justifiant au plus haut point la sympathie que tous les membres de la Société des Architectes de l'Anjou professent pour lui et lui ont témoignée en le désignant pour président de cette Société [1].

Discours du Président.

« Messieurs et chers Confrères,

« Je dois tout d'abord vous renouveler l'expression de ma vive et sincère reconnaissance pour l'élection du 5 janvier : le souvenir de votre vote me sera toujours bien cher ; aussi est-ce de grand cœur que je vous dis à tous merci. Toutefois me rappelant la profonde sagesse d'une maxime de Descartes, qu'il faut tâcher d'être spectateur plutôt qu'acteur en toutes les comédies qui se jouent en ce monde, j'aurais décliné le grand honneur qui m'était fait si la presque unanimité de vos suffrages ne m'avait répondu de votre bonne volonté à m'aider dans une fonction très délicate et dans laquelle j'ai eu des pré-

[1] Ces lignes ont été insérées au procès-verbal par le Secrétaire-trésorier, M. Martin, à qui le Président, M. Tendron, à cette occasion, a envoyé la lettre suivante :

« Angers, le 24 juillet 1891.

« Mon cher Secrétaire,

« J'ai été très vivement touché de l'appréciation si bienveillante de mon discours d'entrée en fonctions que vous avez, à mon insu, insérée au procès-verbal de la séance du 18 avril et des sentiments de véritable confraternité que vous y avez exprimés à mon égard. En vous remerciant, de nouveau, de votre délicate attention, je viens vous prier de m'envoyer, comme souvenir de cet incident de la séance, un extrait de votre procès-verbal.

« J'aurais dû vous écrire plus tôt, mais j'ai été très occupé ces derniers temps.

« Votre bien dévoué Confrère,

« *Le Président de la Société des Architectes de l'Anjou,*

« L. TENDRON. »

décesseurs d'un si grand mérite. Le premier, l'honorable M. Beignet, artiste distingué, a vu sourire à son talent la fortune trop souvent avare de ses faveurs et a pu donner ainsi toute sa mesure ; c'est lui qui, grâce à ses brillantes relations nous a dotés d'une pléiade de membres correspondants éminents qui font à notre Société une véritable auréole. Le second, l'honorable M. Luson, par ses persévérants et tenaces efforts, pour recueillir les feuilles de l'Album de l'Exposition universelle, nous a ménagé notre glorieux succès de 1889 ; grâces lui soient rendues de ne pas s'être laissé décourager par les froissements regrettables qui se sont alors produits. Mes prédécesseurs m'en voudraient, avec raison, j'en suis sûr, si j'oubliais de rendre hommage au zèle de l'un de leurs collaborateurs, l'honorable M. Dubos, à qui incombait l'ingrat labeur d'organiser le secrétariat d'une Société à ses débuts. Ces trois confrères MM. Beignet, Luson et Dubos, avec M. Goujon, le consciencieux rapporteur de la première section, ont été les fondateurs de la Société ; je les remercie, au nom de tous, de l'immense service qu'ils nous ont rendu.

Je me félicite d'avoir, comme collaborateurs : à la vice-présidence, M. Chevallier, l'auteur de l'élégante salle de concerts de Cholet ; en l'élisant vous avez voulu honorer, à la fois, les membres non résidants et le sympathique confrère ; au secrétariat, M. Martin, qui cache sous des apparences frondeuses, le dévouement le plus ardent aux intérêts de la Société, et enfin à la bibliothèque, M. Luson. Cet honorable membre a pensé qu'il devait se renfermer presque exclusivement dans ses fonctions spéciales et ne prendre part que, sur invitation expresse, aux délibérations du Bureau ; ses collègues ont partagé son avis et croient que vous avez voulu réserver l'administration de la Société aux Président, Vice-Président et Secrétaire-Trésorier.

C'est à dessein que j'emploie le terme administration au lieu de celui de direction, car mes collègues et moi nous voulons que la prépondérance appartienne à la Société et que le Bureau se contente d'administrer selon les aspirations de la Société, exprimées par ses votes.

Quelles sont donc les aspirations de la Société des Architectes de l'Anjou ? D'origines entièrement dissemblables, élèves de l'École des Beaux-Arts ou de patrons particuliers, fils de nos œuvres, enfants d'architectes ou d'entrepreneurs, anciens chefs de sections ou anciens conducteurs de ponts et chaussées, si nous nous sommes groupés c'est qu'il existait une grande et secrète affinité entre nous, née de notre commune honnêteté, de l'amour que nous avons tous au cœur pour notre profession et enfin de notre ardent désir de rendre à l'architecture, dans notre sphère et dans la mesure de nos forces, la considération qu'elle mérite à si juste titre.

L'exercice de notre art nécessite, en effet, des qualités et des connaissances multiples telles que l'architecte ne doit pas être le premier venu. Ce qu'un professeur d'architecture, le latin Vitruve, réclame de l'architecte peut se résumer ainsi : l'architecte doit être *vir bonus, doctus ac peritus ædificandi,* c'est-à-dire un homme de bien, un savant et un homme expérimenté dans l'art de bâtir ; Vitruve veut même qu'il soit entièrement désintéressé. Écoutez ce qu'il dit à ce sujet : « Je « sais bien qu'on estime généralement comme la principale sagesse « celle qui nous rend capable d'amasser de grandes richesses et qu'il « s'est trouvé des hommes assez heureux ponr acquérir des biens et « de la réputation tout ensemble. Mais lorsque la plupart des gens ne « mettent leurs soins qu'à briguer les. occasions de fortune, moi j'ai « appris de mes maîtres qu'un architecte doit attendre qu'on le prie « de prendre la conduite d'un ouvrage et qu'il ne peut, sans honte, « faire une demande dont son intérêt est le but, puisqu'il est bien en- « tendu qu'on ne sollicite pas les gens pour leur faire du bien mais « pour en recevoir d'eux. En effet, que doit penser celui qu'on engage « à dépenser sa fortune sinon que le solliciteur aspire y faire grand « profit au préjudice du sollicité ? C'est pourquoi on s'informait autre- « fois, avant d'employer un architecte, de sa naissance et de son édu- « cation et l'on se fiait plus à celui en qui on reconnaissait de la mo- « destie qu'à ceux qui affectaient de paraître fort capables. » Un millier et quelques centaines d'années plus tard, un des grands archi- tectes de notre pays, Philibert de l'Orme, écrivait : « La connaissance « de l'architecture s'apprendra par longue expérience... L'architecte « doit être prompt à ouyr les doctes et sages et diligent à voir beau « coup de choses tout en voyageant ou en lisant. Car il n'y a ni art « ni science, quelque ce soit, où toujours où il n'y ait plus à apprendre « qu'on n'y a appris. Je figure à notre sage architecte quatre mains « pour montrer qu'il a à faire et manier beaucoup de choses, s'il veut « parvenir aux sciences qui lui sont requises. — L'architecte doit être « diligent en toutes ses affaires (les soigner et s'en occuper, les faire « marcher). Il est armé d'un compas entouré d'un serpent pour signi- « fier qu'il doit mesurer toutes ses affaires, œuvres et ouvrages avec « prudence ; les hommes à qui il a affaire, ces hommes lui semant des « chausses-trappes et épines, c'est-à-dire piques, ennuis, haine, décep- « tions, injures, traverses..... Beaucoup qui s'attribuent le nom d'ar- « chitectes doivent plutôt s'appeler maîtres maçons qu'autrement. »

De nos jours, l'honorable M. Pierre Chabat, l'un de nos membres correspondants, définit ainsi l'architecte dans son intéressant diction- naire des termes employés dans la construction : « Architecte, celui « qui tout à la fois savant et artiste conçoit, compose et exécute toute « espèce de construction et d'édifice. Dans l'antiquité, l'architecte « était considéré à l'égal des sages ; au moyen âge on l'appelait le « maître de l'œuvre. Aujourd'hui les connaissances que doit posséder « l'architecte sont très variées : il doit avoir des notions théoriques « de tous les arts et de toutes les sciences qui ont un rapport quel- « conque avec l'architecture. Il lui faut y joindre le goût, le jugement « et le génie de son art. L'étude de l'histoire, de la littérature, de la

« géométrie, de la mécanique, de la perspective et de la physique « devient de jour en jour plus nécessaire ; mais ce qui est absolument « indispensable c'est le dessin, base aussi de la peinture et de la « sculpture. » M. Chabat a oublié, il me semble, l'étude de la jurisprudence appliquée à la construction. « Il est peu de professions qui « exigent une aussi grande variété de connaissances, » font remarquer avec raison les auteurs du dictionnaire juridique de la propriété bâtie (M. Ravon, architecte et M. Collet-Corbinière, avocat).

Un autre de nos membres correspondants, l'honorable architecte M. Hermant, dans son excellent compte rendu des travaux de la Commission du diplôme, dit : « Devenir architecte resta toujours difficile « et demanda toujours dix à quinze ans d'études..... L'intervention de « l'architecte se manifeste par le désintéressement et le dévouement, « elle se récompense par des honoraires. L'architecte est l'homme « instruit, expérimenté, qui suppiée le propriétaire étranger aux « choses de la construction, incapable de veiller lui-même à ses inté- « rêts. Il tient sa place, il gère ses affaires et il le fait comme si elles « étaient siennes, c'est-à-dire, suivant une heureuse expression, en « bon père de famille...... » Pothier disait, en parlant d'un mandataire, « que les services qu'il rend sont d'un prix inestimable, que le salaire « ne les paie pas, que le mandant, même après l'avoir donné, reste « encore débiteur et ne peut s'acquitter que par la reconnaissance. « Eh bien, c'est ce noble rôle que l'architecte contemporain a l'ambi- « tion de remplir, et qu'il remplit quand il exerce, comme il doit le « faire, la profession qu'il a embrassée. »

A tous les points de vue que vous vous placiez, vous êtes forcés de reconnaître combien est justifiée la somme de qualités et de connaissances requises de l'architecte.

Considérez l'Architecture en ses diverses et multiples floraisons, qui toutes ont, à mon avis, leur beauté propre et méritent également, quoique à des titres différents, notre étude et notre admiration, aussi bien l'élégant style grec que le majestueux style romain, le massif roman ou le svelte et effilé style ogival, la luxuriante Renaissance ou l'art des Bourbons, qui semble empreint des sentiments de chacun des rois de cette branche de la dynastie Capétienne : exubérant avec l'expansif Henri IV, plus réservé avec Louis XIII le Chaste, grandiose et plein de dignité avec le Grand Roi, affété avec le voluptueux Louis XV, sévère avec l'austère Louis XVI, enfin le style de fer du XIXe siècle, caractérisé par les Halles Centrales de Paris, le Dôme central et le Palais des Machines de l'Exposition universelle de 1889, et dites si l'Architecture n'est pas le plus difficile des Arts !

Vous arriverez à la même conclusion si vous considérez, en lui-même, le travail de l'architecte : quelle lutte l'artiste n'a-t-il pas à soutenir pour mener à bien la moindre œuvre architecturale, c'est-à-dire créer un plan ou distribution conforme à la destination du bâtiment, appropriée aux lois de l'hygiène, composer une façade bien proportionnée et des profils gracieux qui sont, suivant l'heureuse expression de notre compatriote Beulé dans son éloge de Duban, *le secret du caractère et de l'énergie d'un monument.* Il s'agit ici des plus grands comme des plus modestes édifices ; le véritable artiste met dans son œuvre, quelle qu'elle soit, ce je ne sais quoi qui fait que le bâtiment est l'œuvre d'un architecte et non l'ouvrage d'un maçon. Aux difficultés nées de l'art lui-même, viennent s'ajouter toutes celles que créent l'exécution du projet, la surveillance des ouvriers, le règlement des mémoires, l'observance des lois, usages et coutumes, la limitation des dépenses et les exigences du client, qui sont d'autant plus impérieuses que son incompétence est plus notoire.

Honorable pour tant de puissants motifs, la profession d'architecte ne jouit plus malheureusement, en province, d'aucune considération. Des gens sans aveu et sans scrupules se sont rués, en grand nombre, à l'assaut de notre profession et ont fait rejaillir le déshonneur de leurs procédés, de leur ignorance, sur les artistes véritables et honnêtes : la concurrence effrénée des pseudo-architectes, des entrepreneurs et des agents salariés de l'État a émietté les clientèles, l'architecte a dû faire la place et la dignité professionnelle a disparu sous toutes sortes de compromissions. — Mais, dira-t-on, le public sait distinguer, dans cette cohue, les architectes instruits et probes, vous savez, Messieurs, qu'il n'en est pas ainsi ; ne comprenant rien à l'architecture, dont la langue trop abstraite lui échappe, le public, bien qu'il ait de grandes prétentions à ce sujet, ne sait ni juger les édifices ni choisir les artistes.

Cette promiscuité regrettable a un inconvénient spécial que je veux signaler en passant. Pourquoi tant de jugements et d'arrêts contradictoires dans des espèces semblables ? Pourquoi la responsabilité sous toutes ses formes est-elle appliquée, la plupart du temps, trop durement aux architectes ? C'est que ces décisions judiciaires ont pour base des procès-verbaux d'experts. Les magistrats ne pouvant se faire une opinion sur les points matériels et techniques de certaines affaires, sont bien obligés de s'en rapporter à des experts ; or, le choix des magistrats, qui n'ont pour guide aucune distinction sérieuse, bien qu'il soit plus éclairé que celui du public, n'est pas constamment heureux. Il y a par suite divergence dans les décisions judiciaires, selon que les experts sont ignares ou expérimentés, et de trop lourdes condamnations en cas de responsabilité, si des experts malhonnêtes se sont laissés guider par le secret désir d'écraser un gênant rival.

Le mal est arrivé à son paroxysme et s'il ne lui est appliqué un remède énergique dans le plus bref délai, les architectes mandataires sont fatalement destinés à disparaitre : dans les administrations ils seront remplacés par des ingénieurs ou leurs subordonnés, qui chercheront le beau, sans pouvoir le trouver évidemment dans des équa-

tions des deuxième ou troisième degré et dont les travaux seront à l'architecture ce qu'est la tour Eiffel au Dôme central, et pour les travaux particuliers, par des entrepreneurs ou architectes locateurs à qui l'art sera forcément le moindre des soucis et à qui seront livrés sans défense les propriétaires.

La triste situation qui serait faite aux propriétaires ne peut nous toucher, car elle nous vengerait de leurs agissements ; presque tous, en effet, sont de l'avis de ce plaideur que j'ai connu, et qui, ayant à expliquer pour quel motif il s'était adressé directement à des ouvriers avec lesquels il était en procès disait, dans ses conclusions, qu'il avait voulu éviter l'*ingérence si onéreuse et si entravante d'un architecte.*

En dehors des intérêts du public et des nôtres il y a, en jeu, un intérêt d'un ordre supérieur et primordial qu'une nation civilisée ne doit pas laisser compromettre, celui de l'art de bâtir. — La disparition des architectes artistes ou mandataires amènera la décadence de l'art ; il en a toujours été ainsi quand cette disparition s'est produite, aussi bien à la fin du xve siècle qu'au commencement du xixe siècle. Nous reverrons cette pauvre architecture de la Restauration et du règne de Louis Philippe, époque à laquelle florissaient et l'architecte-entrepreneur et son style dont l'indigence formait un triste contraste avec la brillante rénovation littéraire, les progrès de la science et les belles productions de la sculpture, de la peinture et de la musique.

Toutefois, nous l'espérons, ces prévisions ne se réaliseront pas : un ministre ami de l'architecture prêtera l'oreille aux justes réclamations des architectes de province, plus directement atteints que les confrères de Paris et fera adopter au pouvoir législatif, avec des tempéraments pour les situations acquises, le diplôme obligatoire qui chassera enfin les vendeurs du temple.

Si je ne craignais d'abuser de votre bienveillante attention je m'étendrais longuement sur les avantages du diplôme obligatoire. Mais je dois m'arrêter et je vous en ai d'ailleurs entretenu dans une précédente réunion.

En attendant le jour de la délivrance, continuons nos travaux ; tâchons de donner à notre Société une physionomie qui lui soit propre, et qu'elle puisse dire que si *son verre n'est pas grand elle boit dans son verre.*

L'année dernière, votre première section a complété son intéressante étude des questions pratiques de jurisprudence. — En outre, un membre actif de la deuxième section, M. Martin, s'étant joint à ses membres, elle a étudié un tarif d'honoraires dont nous vous apportons les épreuves aujourd'hui. Vous voyez que la première section a bien mérité de la Société. — Elle voudra, je n'en doute pas, s'adonner avec le même zèle cette année-ci à des travaux identiques.

La deuxième section a eu le bon esprit de déléguer à l'organisation du banquet l'honorable M. Pineau, qui nous a composé un menu délicieux, dessiné si élégamment par notre ancien vice-président, et de faire recueillir les adhésions au banquet par un très bon racoleur, M. Martin ; enfin elle a fait faire, par son rapporteur M. Beignet, l'excellente proposition, à laquelle il faudra donner suite, de nous entendre avec les Sociétés voisines pour des excursions.

Si la deuxième section me le permet, je vais lui indiquer un sujet d'études pour cette année, ce sont des recherches sur la vie et l'œuvre des architectes angevins. Sans parler du glorieux Jean de l'Espine, nous pouvons dire que l'architecture angevine a compté des artistes de mérite, nous en trouvons parmi nos prédécesseurs immédiats ; de ceux-là je n'en veux citer qu'un seul, ce fut un maître, le père d'un de nos jeunes confrères, M. Dusouchay. Il fut aussi bien inspiré dans ses églises et chapelles romanes ou gothiques que dans ses maisons de style néo-grec, nous avons, près de notre salle de réunions, de charmants spécimens de son œuvre, les chapelles de la rue Cordelle et des cloîtres Saint-Martin, et deux maisons place du Ralliement, où les proportions sont si bien observées, l'ornementation et les profils si gracieux. Les vieux entrepreneurs se plaisent à reconnaître que M. Dusouchay leur fournissait des dessins d'appareils qui simplifiaient singulièrement leur besogne. Plusieurs dossiers de cet architecte éminent mériteraient d'être publiés.

La troisième section s'est recueillie ; espérons qu'elle nous apportera, cette année, le résultat de ses méditations. Je lui propose d'étudier un cahier des charges. Afin de résister victorieusement à la tendance qu'ont les entrepreneurs de rattraper, par tous les moyens possibles, soit par des attachements, soit par des métrés abusifs, ce que leur font perdre des rabais dérisoires produits par la pénurie de travaux et la trop grande concurrence, il faut que nous ayons constamment à notre disposition un cahier de charges dû à la collaboration et à l'expérience de chacun de nous où tout sera réglé et prévu d'avance.

En terminant j'émettrai deux vœux :

Le premier, que dans nos rapports d'affaires nous ayons, les uns pour les autres, les plus grands égards ; que nous ne nous fassions qu'une loyale et correcte concurrence, prenant pour devise : *Sursum corda*, Haut les cœurs.

Le second, que, aux réunions de la Société ou des sections, nous cherchions à rendre les séances attrayantes en payant tous de notre personne dans les questions qui nous intéressent plus particulièrement et que notre devise commune soit : *Laboremus*. Travaillons. »

Proposition de M. Deperrière.

Sur la proposition de M. Deperrière, la Société a voté, à l'unanimité, qu'il serait demandé à qui de droit l'insertion de ce discours, en une ou plusieurs fois, dans le journal l'*Architecture*, organe de la Société Centrale de Paris.

Le Président a repris ensuite la parole en ces termes :

« Messieurs,

Visite de la Société des Architectes de l'Anjou à l'Ecole régionale des Beaux-Arts (cours d'Architecture), le 20 janvier 1891.

« Pour répondre à l'aimable invitation de M. Dainville, directeur de l'École des Beaux-Arts, faite au banquet et qui vous a été renouvelée par lettres du Secrétaire de la Société, un grand nombre d'entre nous est allé, le mardi 20 janvier, au cours d'architecture de M. Aïvas. Nous avons tous été très satisfaits de notre visite, nous y avons vu les travaux d'élèves de MM. Dubos, Dussauze et autres collègues dont le nom m'échappe ; nous avons remarqué que M. Dubos poussait particulièrement ses élèves, nous l'en félicitons ; parmi les commençants nous avons distingué le fils d'un confrère qui vient de terminer dans notre ville, un édifice important, bien approprié à sa destination, la Caisse d'Épargne, nous souhaitons, de grand cœur, persévérance et succès au fils de ce confrère, M. Pineau Yrieix.

A la suite de cette visite j'ai écrit, au nom de la Société, des lettres de félicitations à MM. Dainville et Aïvas, dont je vais vous donner lecture. M. Aïvas m'a répondu une charmante lettre que je vais également vous lire.

« Angers, le 24 janvier 1891.

« Monsieur le Directeur et cher Confrère,

Lettre à M. Dainville, Directeur de l'Ecole régionale des Beaux-Arts d'Angers.

« Aux félicitations orales et individuelles que vous avez reçues de chacun des membres de notre Société, présents, le mardi 20 janvier, dans la salle de cours d'architecture, pour répondre à votre gracieuse invitation, il est de mon devoir de Président de la Société des Architectes de l'Anjou, d'ajouter, par écrit, au nom de la collectivité, l'expression de la sincère et vive satisfaction éprouvée par la Société, lors de sa visite à l'École des Beaux-Arts d'Angers.

« Nous avons unanimement apprécié vos qualités éminentes d'administrateur et reconnu que si tous vos élèves du cours d'architecture pour des raisons de fortune ou d'autres motifs de même espèce, ne franchissent pas le seuil de l'École des Beaux-Arts de Paris, car *il n'est pas donné à tout le monde d'aller à Corinthe*, tous ces jeunes gens seront néanmoins, grâce à votre habile direction et aux soins de votre zélé collaborateur M. Aïvas, très bien armés *dans cette lutte pour la vie*, à laquelle est astreint le plus grand nombre des travailleurs.

« Veuillez agréer, je vous prie, Monsieur le Directeur et Cher Confrère, l'expression de mes meilleurs sentiments.

« *Le Président de la Société des Architectes de l'Anjou,*

« L. Tendron. »

« Angers, le 24 janvier 1891.

« Monsieur le Professeur et Cher Confrère,

Lettre à M. Aïvas, Professeur du cours d'Architecture, d'Histoire de l'Art et de Perspective à l'École régionale des Beaux-Arts d'Angers.

« Aux félicitations orales et individuelles que vous avez reçues de chacun des membres de notre Société présents, le mardi 20 janvier 1891, à l'École régionale des Beaux-Arts d'Angers, en votre salle de cours, je crois qu'il est de mon devoir de Président de la Société des Architectes de l'Anjou d'ajouter par écrit, et cette fois, au nom de la collectivité, l'expression de la sincère et vive satisfaction éprouvée par la Société des architectes lors de sa visite.

« Tous nous avons apprécié l'excellence de votre méthode, le choix de vos programmes, la sagesse de vos critiques que vous développez avec tant d'à-propos artistique et un soin si intelligent pour le plus grand bien des élèves, sur chacune des compositions qui vous sont soumises et nous avons reconnu que l'histoire de l'architecture professée comme vous le faites ne pouvait manquer d'être attrayante pour vos jeunes auditeurs et devenait un utile et indispensable complément du travail graphique. Toutefois, nous avons unanimement pensé que si vous réussissiez, et les dessins de vos élèves prouvent amplement que vos efforts ne sont pas stériles, ce n'est pas seulement parce que vous joigniez au goût éclairé de l'architecte et à l'habileté du dessinateur l'expérience du constructeur, mais encore parce que vous faisiez preuve du plus grand dévouement, auquel nous ne pouvons trop applaudir.

« Veuillez agréer, je vous prie, Monsieur le Professeur et cher Confrère, l'expression de mes meilleurs sentiments.

« *Le Président de la Société des Architectes de l'Anjou,*

« L. Tendron. »

« Angers, 28 janvier 1891.

« Monsieur le Président et cher Confrère,

Réponse de M. Aïvas.

« J'ai reçu avec le plus grand plaisir votre aimable lettre du 24 courant par laquelle vous me faites part, en votre nom et en celui de nos confrères de la Société des Architectes de l'Anjou, de la satisfaction que vous a fait éprouver, lors de votre visite à l'École régionale des Beaux-Arts avec M. le Directeur de l'École, notre Président d'honneur, l'examen des différents travaux des élèves de la classe d'architecture qui m'est confiée.

« J'ai été très touché des bienveillantes appréciations de mes confrères et de celles que renferme votre lettre amicale. Croyez que j'en garderai le meilleur souvenir.

« Nous serons toujours heureux, mes élèves et moi, de nous placer sous le haut patronage de la Société des Architectes de l'Anjou. Ses encouragements bienveillants qu'elle veut bien nous continuer seront un moyen d'émulation entre les élèves et nous sont précieux, et avec le concours éclairé de chacun de ses membres, je ne doute pas que l'enseignement de l'architecture à l'École régionale, ne puisse se maintenir dans la voie du progrès.

« Je vous prie, Monsieur le Président et cher Confrère, de vouloir bien recevoir, pour vous-même, et de transmettre à tous nos confrères l'expression de ma gratitude en même temps que l'assurance de tout mon dévouement.

« AÏVAS. »

Tarif d'honoraires.

Après la production de différents avis il a été décidé qu'il serait imprimé 500 exemplaires du Tarif des Honoraires des Architectes de l'Anjou, et qu'en outre ce tarif ne serait pas publié sauf dans l'annuaire.

Réponse à la lettre de M. le Président de la Société Centrale de Paris.

A l'unanimité il a été voté, sur la proposition de M. Dussauze, que pour répondre à l'aimable invitation de M. le Président de la Société Centrale, M. Beignet serait présenté comme candidat aux récompenses de cette Société.

Projet d'excursion aux environs de Cholet.

Malgré l'absence de M. Chevallier, le projet d'excursion aux environs de Cholet qu'il avait proposé à la séance du 5 janvier dernier, a été adopté en principe; la Société a émis le vœu que M. Chevallier fournisse des renseignements pour cette excursion afin de savoir si elle peut l'adopter définitivement. M. Beignet a profité de la proposition de M. Chevallier pour rappeler à la Société que les Architectes nantais ont témoigné le désir de faire des excursions en commun avec nous et de resserrer par là les bonnes relations qui existent entre nos deux Sociétés; qu'il serait aimable de notre part, dans le cas où cette excursion serait adoptée, de les inviter.

Rapport du Bibliothécaire.

M. Luson a dit que le discours du Président pouvait, cette fois, servir de rapport et qu'il n'avait rien à y ajouter.

Modification à l'article 10 du règlement.

Les membres non résidants ne pouvant assister à toutes les réunions et le quorum réglementaire devenant difficile à atteindre, les réunions n'ont souvent pas lieu faute d'un membre absent. Le Bureau a donc cru sage de proposer à la Société un amendement à l'article 10 du règlement, portant que le minimum des membres présents pour rendre la réunion régulière, serait de neuf. La Société appréciant le bien fondé de cette proposition a adopté cet amendement à l'unanimité.

Interprétation de l'art. 14 du règlement.

La Société, considérant que les jetons de présence sont une récompense accordée aux membres présents aux réunions a voté à l'unanimité, moins la voix de M. Luson, opposant, que ces jetons seraient donnés à la première réunion quoique non régulièrement constituée.

La réponse à faire au Questionnaire de l'Association provinciale a été remise après le vote au sujet du délégué à envoyer au Congrès de Limoges, ou ce qui est la même chose, sur la question de savoir si la Société continuerait à faire partie du Consortium.

Consortium. Réponse au Questionnaire de l'Association provinciale. — Vote.

Après une longue discussion, il a été voté que la Société n'enverrait pas de délégué au Congrès de Limoges.

Délégués au Congrès de Limoges.—Vote.

La Société regrettant qu'on ne lui ait pas, dans le projet de budget présenté à la séance de janvier, fait connaître le droit d'entrée au Consortium, n'accepte pas l'offre faite par l'un de ses membres titulaires d'avancer le prix de cette entrée, remboursable en dix annuités de 25 francs. De plus, ne voulant pas grever son budget, la Société préfère s'abstenir et ne pas faire partie du Consortium auquel elle n'avait, du reste, adhéré que provisoirement; elle refuse définitivement de s'affilier à l'Association provinciale et charge M. le Président de traiter avec le Bureau du Consortium au mieux des intérêts de la Société, si cette Association réclame quelque chose de la Société pour l'envoi de ses brochures. En conséquence de cette décision de la Société, il n'y a plus lieu de répondre au Questionnaire de l'Association provinciale.

Rejet de la proposition d'un confrère, offrant d'avancer à la Société l'entrée au Consortium.

La Société décide qu'il sera offert à l'École régionale des Beaux-Arts, comme les années précédentes, une médaille pour l'élève le plus méritant dans la classe d'Architecture et autorise à cet effet le Bureau à faire frapper des médailles.

Médaille offerte à l'École régionale des Beaux-Arts.

Communications du Bureau.

1° Le Président a fait part à l'assemblée de la mort de l'un de ses membres correspondants, M. Durand, architecte du gouvernement à Bordeaux: il ajoute que quelques lignes seront consacrées à cet honorable confrère, dans le prochain annuaire.

Mort de M. Durand, Architecte du Gouvernement à Bordeaux, membre correspondant de la Société des Architectes de l'Anjou.

2° Il a dit qu'il regrettait de n'avoir pas reçu, comme ses prédécesseurs, d'invitation à la distribution des prix des Prud'hommes.

Distribution des Prix des Prud'hommes.

3° Il a annoncé que le ministre des Beaux-Arts avait envoyé à la Société une brochure concernant le Diplôme des Architectes, accompagnée de la lettre suivante :

« Paris, 4 mars 1891.

« Messieurs,

« J'ai l'honneur de vous adresser, pour la bibliothèque de la Société, un compte rendu des travaux de la Commission chargée d'étudier la création d'un diplôme d'architecte.

« Recevez, Monsieur, l'assurance de ma considération distinguée.

Envoi à la Société, par le Ministre des Beaux-Arts, du Rapport de M. Hermant sur les travaux de la Commission du diplôme des Architectes.

« *Pour le Ministre et par autorisation,*

« Le Directeur des Beaux-Arts,

« Pour le Directeur des Beaux-Arts,

« *Le Chef du Bureau de l'Enseignement et des Musées,*

« Signature illisible. »

Ce rapport, de M. Achille Hermant, notre éminent membre correspondant, a ajouté le Président, résume, sous une forme très littéraire, les arguments pour et contre le diplôme, la discussion des membres de la Commission et la réponse des Inspecteurs de l'enseignement du dessin au Questionnaire qui leur avait été envoyé par le Directeur des Beaux-Arts sur l'état actuel de l'enseignement de l'architecture en province.

Demande de documents pour un procès fait à un Architecte.

4° Enfin, le Président a demandé si les membres présents pourraient fournir selon le désir de M. X..., des documents de nature à servir notre confrère devant la Cour.

La séance est levée à dix heures.

Séance du 4 juillet 1891

Étaient présents : MM. Aïvas, Barré, Beignet, Chevallier, Dainville, Goujon, Luson, Martin, Meignan, Pineau et Tendron.

Excusés : MM. Ardoin, Chauveau, Dusouchay, Rabineau, Rabjeau, Renard et Ruault, membres titulaires ; MM. Fromageau et Le Mesle, membres honoraires.

Ordre du jour.

L'ordre du jour portait :

1° *Lecture du procès-verbal ;*

2° *Résumé des Travaux des Commissions ;*

3° *Communications du Bureau. — Promenade aux environs de Cholet ;*

4° *Étude de deux articles du cahier des charges pour les travaux communaux, par M. Dainville ;*

5° *Vote sur la proposition suivante, à la demande d'un des Membres de la Société : « Les articles du mode de métré étudiés par la section compétente, « discutés et acceptés en séance générale, seront-ils obligatoires oui ou non ? »*

6° *Banquet à Saint-Rémy-la-Varenne, à la suite de la séance, en l'honneur de M. Beignet, lauréat de la Société Centrale. Départ à une heure et demie d'Angers.*

Lecture et adoption du procès-verbal de la séance du 18 avril 1891.

Le procès-verbal de la séance du 18 avril, est lu par le Secrétaire et adopté sans discussion.

Le Président donne lecture des lettres d'excuses des membres absents précités, de la correspondance échangée avec le Président de l'Association provinciale, conformément au vote émis à la précédente séance.

M. Journoud a accusé réception de la détermination de la Société de ne pas s'affilier au Consortium et a dit que la Société n'était redevable d'aucune somme.

Correspondance échangée avec l'Association provinciale.

M. Tendron propose de voter en principe le don d'une somme destinée à rémunérer le Consortium de ses frais d'envoi de journaux et circulaires à la Société et à chacun de ses membres.

Proposition de M. Tendron.

Sur la proposition de MM. Dainville et Beignet, il est décidé, après discussion, que M. Journoud sera simplement remercié, et qu'aucun envoi d'argent ne sera fait, par crainte de blesser la délicatesse du Bureau du Consortium.

Proposition de MM. Dainville et Beignet.

M. Dainville lit une étude sur deux articles du cahier des charges, clauses et conditions d'une adjudication à forfait.

Etude sur deux articles du cahier des charges, clauses et conditions d'une adjudication à forfait, par M. Dainville.

La Société remercie son Président d'honneur de son intéressant travail et décide, à la demande de M. Beignet, que cette étude sera autographiée, et un exemplaire envoyé à chacun de ses membres.

M. Tendron lit une appréciation de la législation et de la jurisprudence du bâtiment ainsi conçue :

« Messieurs et chers Confrères,

« A notre dernière réunion, je vous ai dit que, parmi les difficultés que l'Architecte avait à surmonter pour l'accomplissement des devoirs de sa profession, il y avait l'observance des lois ; si vous le permettez, je vais examiner, avec vous, cette question restreinte aux Architectes français.

Législation et Jurisprudence du bâtiment.

Appréciation.

Je vous entraînerai immédiatement, *in medias res*, au cœur du sujet.

L'article 663 porte textuellement :

« Chacun peut contraindre son voisin dans les villes et faubourgs, « à contribuer aux constructions et réparations de la clôture faisant « séparation de leurs maisons, cours et jardins assis èsdites villes « et faubourgs, etc.

Voilà un article bien affirmatif, je pense, mais donnez à un client le conseil d'en demander le bénéfice, poussez-le à épuiser toutes les juridictions et puis vous verrez de quelle nature seront les remerciements qu'il vous adressera.

C'est qu'il est un autre article 656, ainsi conçu :

« ..... tout co-propriétaire d'un mur mitoyen peut se dispenser de « contribuer aux réparations et reconstructions, en abandonnant le « droit de mitoyenneté, ... etc. ..... »

D'après la jurisprudence de la Cour suprême, qui remonte à la promulgation de la loi et n'est pas nouvelle, comme le prétend à tort Masselin, il paraît qu'il résulte de la combinaison de ces deux articles, que la clôture est obligatoire, sans l'être ; le voisin peut se soustraire, dans tous les cas, à l'obligation édictée en l'article 663 par l'abandon de la moitié du sol sur lequel le mur de séparation doit être établi. La Cour de cassation, en interprétant ainsi la loi, l'interprète exactement puisque les auteurs du Code civil ont voulu donner cette signification à leurs articles 656 et 663.

Ecoutez en effet ce que dit de Maleville, l'un des rédacteurs du code civil, dans son *Analyse raisonnée de la discussion du Code civil au Conseil d'État* :

« Il fut convenu que dans le cas de l'article 663, comme dans celui « de l'article 656, le voisin pouvait se dispenser de contribuer à la « clôture, en renonçant à la mitoyenneté et en cédant la moitié de la « place sur laquelle le mur de séparation devait être assis. »

L'article 209 de la Coutume de Paris et l'article 210 étaient beaucoup plus sages que les articles de notre Code civil : le premier contraignait chacun des voisins à contribuer à la clôture dans les villes et faubourgs de la prévôté et vicomté de Paris, le deuxième partout ailleurs dans la même circonscription, dispensait de cette contribution pour les murs nouveaux et permettait seulement de contraindre à l'entretien et à la réfection nécessaire des murs anciens selon l'ancienne hauteur desdits murs, mais laissait, dans ce dernier cas, au voisin, la faculté de se soustraire à cette obligation, en abandonnant le droit au mur et au sol. — C'était net et précis.

Qu'est-ce qu'une ville ? où s'arrête un faubourg ? La loi ne le dit pas, la jurisprudence répond : c'est aux tribunaux de décider si l'endroit où s'élève la construction fait partie d'un faubourg ou d'une ville. — La vie d'un plaideur peut être employée tout entière à faire trancher la question.

Prenons un autre article, l'article 658 :

« Tout co-propriétaire peut faire exhausser le mur mitoyen, mais il « doit payer seul la dépense de l'exhaussement, les réparations d'entre- « tien au-dessus de la clôture commune, et en outre l'indemnité de la « charge en raison de l'exhaussement et suivant la valeur. »

L'indemnité de la charge est-elle due lorsque le mur est construit d'un seul jet et qu'un voisin vient à acquérir la mitoyenneté de la base seulement ?

La Cour de Montpellier, 8 mars 1876, et le Tribunal civil d'Angers, plus récemment, 23 décembre 1889, se sont prononcés dans le sens de l'affirmative.

Frémy-Ligneville, un magistrat, conseiller à la Cour d'appel d'Aix, dans son traité de législation des bâtiments est pour la négative :

« L'article 658, dit-il, n'oblige à payer une indemnité que pour « l'exhaussement fait sur un mur qui est déjà mitoyen, et à raison de « la surcharge que l'on vient lui imposer et non pour l'exhaussement « qui existait déjà avant l'acquisition de la mitoyenneté. »

Et nunc erudimini, et maintenant soyez instruits si vous pouvez.

La valeur, quelle valeur, celle de l'exhaussement ou du mur surchargé ? *adhuc sub judice lis est*, le procès est encore devant le juge.

Passons à l'article 660 :

« Le voisin qui n'a pas contribué à l'exhaussement peut en ac- « quérir la mitoyenneté en payant la moitié de la dépense qu'il a « coûté..... »

Avez-vous jamais appliqué cet article dans sa teneur stricte ? Est-ce qu'il ne faut pas tenir compte de la dépréciation produite par le temps, cependant l'article est formel.

J'arrive à l'article 678 :

« On ne peut avoir de vues droites ou fenêtres d'aspect, etc., sur « l'héritage clos ou non clos de son voisin, s'il n'y a dix-neuf déci- « mètres de distance entre le mur où on les pratique et ledit héri- « tage. »

Voulez-vous savoir ce que pense de cet article le Tribunal de Lyon dans un jugement confirmé par la Cour de la même ville, le 4 novembre 1864 ; il s'agissait de vue droite établie à moins de deux mètres, donnant sur un mur appartenant au voisin et obstruant ainsi les regards :

« Le Tribunal ;

« Attendu s'il est vrai en fait, qu'en l'état actuel des choses, la vue « de Vidal est pour ainsi dire arrêtée par le mur de Tondu, ce fait ne « peut détruire le droit établi par l'article 678, Code Nap. ; que cet « article est précis ; qu'il interdit de prendre des vues sur l'héritage « de son voisin, qu'il soit clos ou non clos ; que le législateur n'a fait « aucune distinction entre le plus ou moins de hauteur de la clôture ; « — Attendu que le sieur Vidal ne peut tirer un droit d'un fait qui lui « est étranger, que s'il a plu à Tondu de se clore il peut lui plaire de « se déclore ; qu'il faut, sans doute, reconnaître que le mur du sieur « Tondu empêche, jusqu'à un certain point, les inconvénients résul- « tant d'une vue droite, mais que cela ne peut détruire le droit et « qu'un propriétaire qui fonde ses prétentions sur un texte formel de la « loi, n'a pas besoin de justifier sa prétention et qu'il a le droit de « dire : Je veux parce que je veux, je ne veux pas parce que je ne « veux pas ; — Attendu d'ailleurs, qu'il n'est pas exact de dire que « Tondu n'a aucun intérêt réel ; qu'il est certain qu'une servitude de « jour peut s'acquérir par la prescription trentenaire ; — qu'en vain « on objecte que la jurisprudence décide qu'un jour, tel que celui « établi par Vidal ne peut s'acquérir par la prescription ; que c'est là « une question ; que les variations de la jurisprudence sont tellement « fréquentes qu'il serait imprudent de confier la conservation de son « droit à une chance aussi aléatoire » — *remarquez en passant cette appréciation de la jurisprudence par des magistrats* — « Attendu d'ailleurs « que le mur de Tondu peut périr par accident, par vétusté, même

« être détruit par la volonté du propriétaire; qu'au moment d'une « destruction totale ou partielle la prescription pourrait commencer; « qu'alors une simple négligence, une minorité, une interdiction, « pourraient laisser acquérir un droit qui, dans le principe, aurait « commencé par une simple tolérance; qu'en présence de ces dangers « et de tant d'autres qu'il serait facile d'indiquer, il est du devoir des « tribunaux de s'en tenir au texte clair et précis de l'art 678 C. Nap.; « — Dit que le sieur Vidal est autorisé à conserver sa porte comme « moyen d'accès sur sa parcelle de terrain, mais qu'il sera tenu de « boucher immédiatement le vitrage qu'il a fait établir dans la partie « supérieure de ladite porte, etc. »

Appel par le sieur Vidal :

« La Cour,

« Adoptant les motifs qui ont déterminé les premiers juges; — « Confirme, etc. »

« Du 4 novembre 1884. — C. de Lyon. »

Entendons une autre cloche :

« Cour d'Orléans, 27 mai 1858.

« La Cour,

« Attendu que la dame Carré a fait pratiquer deux portes dans le « mur de sa maison, sise rue du Colombier, à Tours, qui ouvrent sur « un terrain servant de passage, à elle appartenant et dépendant de « ladite maison; qu'il est constant au procès et d'ailleurs non dénié « que ces ouvertures sont à une distance moindre de l'héritage voisin « que celle prescrite par les articles 678 et 679 C. N., et que dès lors il « ne s'agit plus que de rechercher si elles peuvent constituer des vues « directes ou obliques dans le sens de la loi; — Attendu que la « propriété de la dame Carré est séparée de celle du sieur Viot par « un mur appartenant à celui-ci et qui, à raison de son élévation, « apporte un tel obstacle à la vue des personnes passant par les portes, « qu'il leur est impossible de voir sur l'héritage dudit sieur Viot; — « Que dans un tel état de chose reconnu par les deux parties et en « l'absence de tout intérêt on ne saurait faire application des disposi- « tions des articles précités, lesquels n'ont été édictées que dans le but « de protéger un héritage contre l'indiscrète curiosité des voisins; — « Qu'en vain l'on oppose pour Viot qu'il avait au moins intérêt à « exercer son action pour interrompre la prescription que la dame « Carré aurait pu sans cela acquérir prochainement contre lui; — « Qu'en effet, pendant l'existence du mur qui apporte un obstacle à la « vue des voisins sur son héritage, Viot était sans droit pour agir à « fin de suppression d'ouvertures qui n'ont pas vue sur lui; que ce « n'est que du jour où lui-même, apportant des modifications à l'état « des lieux, donnerait ainsi au voisin la possibilité de voir sur son « héritage, que la prescription pourrait seulement commencer à cou- « rir; que si Viot a laissé en dehors de ses constructions une petite

« bande de terrain, large de dix centimètres, sur laquelle la dame « Carré a vue, il n'est pas mieux fondé pour cela à demander la suppression des deux portes dont il s'agit ; — Qu'en effet, ce terrain « qui n'a pas été compris par Viot dans le périmètre de sa maison. « sans doute pour que le voisin ne pût appuyer ses constructions sur « son mur, est tellement exigu qu'il est impossible au propriétaire « lui-même d'y passer et d'en faire le moindre usage ; que ce serait « donc se mettre manifestement en opposition avec le but de la loi, si « on soumettait, pour ce fait, l'existence des portes de la maison Carré « aux règles prohibitives consacrées par les articles 678 et 679. — « Par ces motifs déclare Viot mal fondé en sa demande en suppression « des deux portes de la maison Carré. »

Cet arrêt vous démontre que c'est à tort que le Tribunal de Lyon affirme que l'article 678 est clair. Nous savons bien que l'on peut objecter, que dans la première espèce, il s'agit de fenêtres et dans la seconde de portes et que la jurisprudence distingue entre les portes et les fenêtres, mais si la Cour d'Orléans a rejeté la demande du voisin, tendant à la suppression des ouvertures, ce n'est pas parce qu'il s'agissait de portes, mais bien parce que ces ouvertures étaient masquées par un mur et ne pouvaient avoir vue sur l'héritage du réclamant, thèse absolument contraire à celle du Tribunal de Lyon.

Nous prendrions un à un tous les articles du Code qui nous intéressent que nous arriverions à la même conclusion que pour les articles précédents : la loi est ambiguë, elle porte les traces de cette précipitation que Napoléon, qui fit faire le Code civil en quatre mois, imprima à toutes ses œuvres. C'est ainsi que partout, aussi bien dans le domaine des lois que dans le domaine de la politique, malgré les années écoulées, nous subissons encore, aujourd'hui, l'influence néfaste de cet aventurier de génie à qui la France, dans un jour de malheur, confia ses destinées ; par son ambition démesurée, il a fait perdre à notre pays sa frontière naturelle, le Rhin, l'a amoindri pour un siècle et peut-être pour toujours, si la fortune ne couronne pas nos efforts dans la lutte suprême avec l'Allemagne, but de notre organisation militaire actuelle. Un historien a dit que l'énorme quantité de questions controversées qui sont restées dans notre jurisprudence, atteste encore maintenant les équivoques et les vices de rédaction de nos Codes, en dépit des perfectionnements qu'ils ont reçus depuis.

Faisons des vœux pour que cet édifice mal construit et obscur, où l'on ne marche qu'en tâtonnant, pour éviter les chausse-trappes dont il est semé, fasse place à une œuvre où la lumière jaillisse à flots et à l'édification duquel les architectes auront été appelés. »

Etude du mode de métrage, art. 5 de l'ordre du jour. — Vote.

La Société vote, à l'unanimité, que les articles du mode de métrage à étudier par la section compétente, à discuter et à voter en assemblée générale, seront obligatoires pour les membres de notre Société, quand il n'y aura pas de convention contraire préalable.

Offre de M. Beignet.

M. Beignet offre de remettre à cette Commission un exemplaire du mode de métré rédigé pour ses travaux.

Deuxième partie de la séance.

Banquet à Saint-Rémy-la-Varenne.

A ce moment la séance est suspendue, les membres partent en voiture pour Saint-Rémy-la-Varenne.

A l'issue du banquet, qui a été très cordial, M. Tendron a porté un toast à M. Beignet et s'est exprimé ainsi :

« Messieurs et chers Confrères,

Discours de M. Tendron.

« Me voilà arrivé au quart d'heure de Rabelais : il faut que je remplisse mon rôle de Président, c'est-à-dire que je vous fasse un discours, car sans discours pas de vrai banquet; prendre la parole et la prendre après un si bon dîner, dû à la collaboration de deux aimables et compétents confrères, MM. Pineau et Martin, c'est une tâche doublement difficile, enfin je tâcherai de dire *pauca sed bona*.

Nous nous sommes réunis pour fêter notre confrère, l'honorable M. Beignet, à qui la Société Centrale, sur notre indication unanime exprimée dans la séance d'avril, a décerné une de ses grandes médailles d'architecture privée.

A la suite de votre vote, j'ai écrit à M. le Président de la Société Centrale la lettre que je vais vous lire :

« Angers, le 21 avril 1891.

« Monsieur le Président et illustre Confrère,

« J'ai communiqué votre lettre du 30 mars, ainsi que la circulaire qui l'accompagnait, à la Société des Architectes de l'Anjou, dans sa séance du 18 avril.

« A l'unanimité, la Société des Architectes de l'Anjou, a décidé de désigner, pour la grande médaille d'argent, au Jury de l'Architecture privée, M. Beignet, Auguste, architecte à Angers.

« Cet architecte distingué est membre de la Société Centrale et officier d'Académie. La fortune ayant souri à son talent, il a pu donner toute sa mesure; son œuvre est considérable, pleine d'originalité et toujours empreinte d'un goût exquis.

« En accordant à M. Beignet l'une de ses hautes distinctions si justement recherchées, la Société Centrale honorerait, à la fois, un travailleur infatigable et un architecte de mérite ayant, comme le demande la circulaire du Jury, contribué, par ses travaux, à l'illustration et au progrès de l'art architectural.

« M. Beignet va se conformer, dans un bref délai, aux prescriptions de la circulaire.

« Veuillez agréer, je vous prie, Monsieur le Président et illustre Confrère, l'expression de mes sentiments de respectueuse confraternité.

« *Le Président de la Société des Architectes de l'Anjou,*

« L. TENDRON. »

Je ne sais quelle influence a pu exercer ma lettre, quoi qu'il en soit, la candidature de M. Beignet est sortie triomphante de l'examen du Jury et a été très appréciée.

« M. le Rapporteur du Jury des récompenses, E. Loviot, secrétaire « principal de la Société Centrale, s'est exprimé ainsi : J'ai encore à « proclamer le nom de deux lauréats de la Société Centrale des « Architectes Français ; je vous disais au commencement de ce « rapport que les Architectes des départements, candidats à nos « récompenses, avaient été très nombreux cette année, et se trouvaient « également recommandés et par leurs œuvres et par les Sociétés res- « pectives auxquelles ils appartenaient. Disposant d'un nombre limité « de récompenses, le Jury n'a pu, à son grand regret, que faire un « choix en renonçant à couronner tous les mérites.

« Mais le Conseil de la Société Centrale, préoccupé de cette situation, « a voté, par mesure exceptionnelle, ratifiée en Assemblée générale, « deux médailles supplémentaires. L'une de ces médailles a été attri- « buée à M. Beignet, Auguste, architecte à Angers, pour ses multiples « et beaux travaux, parmi lesquels je citerai l'église de Beaufort-en- « Vallée et le château de la Roche-Hue avec un curieux escalier ellip- « tique. » ....

« Des applaudissements ont accueilli cet éloge.

« J'invite nos honorables collègues, Messieurs Beignet et Gosset, à « venir recevoir ces médailles, nouveau témoignage d'intérêt donné « par la Société des Architectes Français aux travaux de nos confrères « des départements. »

C'est la seconde fois que notre Société est honorée, dans la personne de l'un de ses membres, cet honneur rejaillit sur tous ; il doit être d'autant plus apprécié, qu'il s'agit, comme l'a dit l'illustre Garnier, de distinction dévolue par des artistes et des praticiens, qui savent mieux que personne reconnaître les qualités, ou plutôt les vertus inhérentes au travail.

Que M. Beignet soit donc fier de la récompense qu'il vient d'obtenir!

Il est véritablement fils de ses œuvres; sorti d'une condition modeste, il s'est élevé au rang que méritait son talent, car il a su se concilier les bonnes grâces de la Fortune. — N'oublions pas, Messieurs, que la Fortune est femme et qu'elle aime à être courtisée. — L'écueil à éviter dans la poursuite du but est de ne pas trop marcher sur les plates-bandes de ses voisins.

Je porte un toast à l'heureux confrère, au travailleur énergique, à l'artiste au goût délicat, au lauréat de la Société Centrale, à Monsieur Beignet! »

M. Beignet a remercié très gracieusement la Société.

La séance a repris ensuite; aux membres présents à la première partie de la séance, s'étaient adjoints MM. Dussauze et Chauveau.

Proposition de M. Martin, tendant à remplacer la médaille d'argent offerte annuellement à l'Ecole régionale des Beaux-Arts par une médaille d'or.

M. Martin fait remarquer à ses collègues, que la Société, par suite de sa non affiliation au Consortium, ne sera plus aussi préoccupée de la balance de son budget, et profite de cette remarque pour demander que la médaille d'argent, de modique valeur, offerte tous les ans à l'élève le plus méritant du cours d'Architecture de l'École Régionale des Beaux-Arts, soit remplacée par une médaille d'or; M. Aïvas, professeur de l'école, est de cet avis, mais M. Dainville, Directeur de l'École, fait observer qu'une médaille d'or ne doit être donnée qu'à l'École Nationale des Beaux-Arts de Paris. Il préférerait qu'on joignît un ouvrage ou un objet d'art à la médaille d'argent. Cette idée est admise à l'unanimité par les membres présents.

Proposition de M. Dainville: Ajouter à la médaille d'argent un livre ou un objet d'art.

Adoption de cette dernière proposition par la Société.

MM. Dainville et Aïvas remercient, au nom de l'École Régionale, la Société, de l'intérêt qu'elle porte aux élèves Architectes en les encourageant par des récompenses très enviées.

Promenade aux environs de Cholet.

Excursion projetée avec la Société de Nantes.

Proposition de M. Dussauze.

Après discussion, l'excursion aux environs de Cholet est ajournée. et, sur la proposition de M. Dussauze, il est voté que le Bureau s'entendra avec les confrères de Nantes, pour une excursion en commun, à Saint-Florent-le-Vieil par exemple.

La séance est levée à huit heures du soir.

Séance du 3 octobre 1891

Etaient présents : MM. Aïvas, Beignet, Chauveau, Chevalier, Dainville, Dubos, Dussauze, Goujon, Luson, Martin, Meignan, Pineau, Ruault, Tendron.

Excusés : MM. Barré, Dusouchay.

L'ordre du jour portait : Ordre du jour.

1° *Lecture du procès-verbal ;*

2° *Résumé des travaux des Commissions ;*

3° *Communication du Bureau ; réponse de la Société de Nantes à la proposition d'excursion.*

Examen du travail de M. Roux, membre correspondant, sur les honoraires.

Rapport d'expert sur une question d'honoraires ; communication de M. Meignan.

Lecture et adoption du procès-verbal de la séance du 4 juillet.

Le procès-verbal de la séance du 4 juillet est lu et adopté.

Lecture des lettres d'excuses.

Lecture est faite des lettres d'excuses de MM. Barré et Dusouchay.

Consortium. Abonnement au Bulletin.

M. Tendron lit une circulaire de l'imprimeur du *Bulletin du Consortium* et demande à l'assemblée de s'abonner au bulletin pour se tenir au courant de la question du Consortium ; l'ordre du jour ne mentionne pas, dit-il, cette affaire. mais comme il s'agit d'une somme minime, 6 francs par an, il pense que la Société peut, quand même, prendre une décision. La majorité des membres présents voulant reconnaître surtout la courtoisie du Bureau du Consortium qui n'a demandé aucune indemnité à notre Société pour envois de bulletins et de circulaires vote l'abonnement.

Lecture des décisions judiciaires et autres pièces de l'affaire X...

Le Président donne lecture de l'arrêt de la Cour d'appel de X..., confirmant un jugement du Tribunal de Z..., qui avait condamné M. X..., à la suite d'un accident arrivé sur un chantier.

Il est également donné lecture de la procédure antérieure devant le Tribunal de Z...

Le Président lit la correspondance échangée avec la Société de Nantes pour une excursion en commun. Cette première démarche n'a pas abouti.

Excursion avec les Architectes Nantais. Décision de la Société.

Sur la demande de MM. Dussauze et Beignet, il est décidé que de nouveaux pourparlers auront lieu avec la Société de Nantes.

MM. Dussauze et Beignet sont désignés pour correspondre avec les Architectes nantais.

Étude sur une question de Jurisprudence (code civ., art. 609) et allocution du Président.

M. Tendron lit l'étude suivante sur une question de jurisprudence (art. 609 du code civil, réparations usufruitières), terminée par une allocution à la Société :

« Messieurs et chers Confrères,

« Au risque d'être traité de rabâcheur et de raseur, je viens de nouveau vous entretenir de l'ambiguïté de la loi ; cette fois je vous parlerai des réparations usufruitières.

Voici à quelle occasion je me suis occupé de cette question : j'avais été chargé de faire des travaux, sur l'injonction de la police, à une fosse d'aisances d'une propriété grevée d'usufruit sise à Angers.

Ces travaux consistaient notamment en l'établissement d'un radier, l'enduit des murs et de la voûte en ciment et la pose d'un tuyau d'évent ; comme il n'avait jamais existé ni radier, ni enduits, ni tuyau d'évent, et que ce n'était pas là, à mon avis, une réparation d'entretien puisqu'il s'agissait d'additions à l'état ancien, j'ai cru devoir mettre ces réparations à la charge du nu-propriétaire.

Cette personne me fit répondre par son notaire, demeurant à Paris, qu'en vertu de l'article 609, ces travaux étant une charge imposée à la propriété, le propriétaire était obligé de les payer, mais l'usufruitière, c'était une dame, devait lui tenir compte des intérêts.

Je fus donc amené à étudier l'article 609.

Demolombe dit qu'il s'agit de charges publiques telles qu'un emprunt forcé, une subvention de guerre imposée par un ennemi en cas d'invasion, d'indemnité qui serait due aux entrepreneurs pour prix de travaux de desséchement de marais, ordonnés par le gouvernement ou en cas d'ouverture de canaux, de routes, de construction de digues, etc., mais il ne parle pas de travaux du genre de ceux qui nous occupent.

Continuant mes recherches, je trouvai dans le traité de Masselin (Murs mitoyens, etc.), à grand'peine, car si cet ouvrage renferme d'excellents renseignements, il manque absolument de méthode, un chapitre concernant l'interprétation de l'article 609.

Le voisin d'une propriété grevée d'usufruit avait obtenu : 1° l'établissement d'un mur de clôture entre les deux propriétés dans des parties où il n'existait pas de clôture ; 2° la réfection totale d'un mur séparant les constructions respectives déclaré par expert insuffisant pour les deux propriétés.

Ces travaux avaient nécessité une délimitation des propriétés dans les parties non closes et il s'était trouvé que la fosse d'aisances de la propriété grevée d'usufruit empiétait sur le terrain voisin, il avait donc fallu refaire en partie cette fosse.

L'affaire vint devant le Tribunal de la Seine, les nu-propriétaire et usufruitier n'étant pas d'accord sur le paiement des travaux dont une partie incombait à leur propriété.

Le Tribunal de la Seine, et c'est là ce qu'il y a d'essentiel à retenir, dans la question que je développe devant vous, interpréta ainsi l'article 609 :

« Attendu. etc.,

« Que d'un autre côté l'article 609 du Code civil, invoqué par « Pannier, c'était le nu-propriétaire, ne prévoit, comme l'article 608, « que des charges publiques, des impôts auxquels ne peuvent être « assimilées sous aucun rapport les dépenses auxquelles Pannier, le « nu-propriétaire, veut faire contribuer Noël, l'usufruitier. »

Le nu-propriétaire fut condamné à tout payer, sans intérêts à recevoir de l'usufruitier.

Appel du nu-propriétaire :

Cette fois, la Cour de Paris (arrêt du 27 mai 1876) mit la reconstruction du mur séparatif, pour la partie incombant à la propriété grevée d'usufruit, à la charge du nu-propriétaire, mais en ce qui concerne l'établissement du mur de clôture à l'endroit où il n'en existait pas, toujours pour la part incombant à la propriété grevée d'usufruit et pour la réfection partielle de la fosse d'aisances, conséquence de la construction du mur de clôture, elle décida que l'article 609 serait applicable et elle interpréta comme suit ledit article :

« Considérant que, aux termes de la loi, la clôture est obligatoire « dans les villes et faubourgs ;

« Que Isoré, c'était le voisin ayant usé de son droit, a imposé à la « propriété une charge qui doit être supportée par le nu-propriétaire « et l'usufruitier, conformément à l'article 609 du Code civil ;

« Que l'on ne peut être fondé à prétendre que cet article ne s'applique « qu'aux charges publiques et impôts ;

« Qu'en effet, il ne fait aucune distinction ; qu'il doit conséquemment « s'appliquer aux charges de toute nature dont la propriété peut être « grevée, etc. »

Mon affaire n'eut pas de suite judiciaire, mes clients, l'usufruitier et le nu-propriétaire s'entendirent pour régler, conformément à l'interprétation de l'article 609 par la Cour de Paris.

Messieurs et chers Confrères, ce sont des communications dans le genre de celle-ci, que je vous demandais à la séance du 18 avril, en vous disant qu'il fallait absolument que nous payions tous de nos personnes dans les questions qui nous intéressent le plus particulièrement; chacun de nous pourrait, en effet, s'il le voulait, nous apporter ici, débarrassé des préoccupations du client, le résultat de ses recherches à l'occasion de telle ou telle affaire, soit en jurisprudence, soit en stéréotomie, théorie ou histoire de l'art, etc. ; malheureusement, vous me pardonnerez ma franchise, nous sommes trop susceptibles et j'ai le regret de le constater, il suffit que notre avis ne soit pas agréé par la majorité pour que nous nous retirions immédiatement sous notre tente, comme le bouillant Achille. Nous avons de la bonne volonté mais elle est, comme on dit en physique, à l'état latent. C'est contre cette irritabilité qui n'est pardonnable, et encore qu'aux jolies femmes, qu'il faut que nous prenions la résolution de réagir, si nous voulons que nos séances soient attrayantes et suivies comme elles devraient l'être. »

Le Secrétaire lit ensuite une lettre de M. Roux, membre correspondant de la Société, cet honorable architecte demande que la Société des Architectes de l'Anjou examine la brochure jointe à sa lettre et donne son avis sur les conclusions de cet ouvrage reproduites dans cette lettre.

La réponse du Président à M. Roux est également lue.

La Société renvoie cette question à la première section pour faire un rapport.

« Paris, le 10 juillet 1891.

« Mon cher Confrère,

Lettre de M. Roux, Architecte du Gouvernement, membre correspondant de la Société des Architectes de l'Anjou.

« J'ai l'honneur de vous adresser d'autre part une brochure sur les honoraires des Architectes français (extrait du journal l'*Architecture)*.

« Vous savez combien cette question est brûlante pour nous et combien il importe de lui donner une solution rationnelle autant que prompte.

« J'appelle donc votre attention et j'appelle celle de nos Confrères qui appartiennent à votre Société, sur le travail que je vous soumets.

« Il serait désirable, pour que cette étude pût avoir un effet utile, que vous voulussiez bien me transmettre votre sentiment et celui de nos Collègues sur les conclusions de mon travail que je répète pour plus de clarté :

« 1° Adoption par toutes les Sociétés des deux résolutions proposées, la première relative aux consultations sur les honoraires (voir page 38), la seconde relative à la forme des notes d'honoraires d'Architectes (voir pages 38-39) [2].

« 2° Publication sans chiffres, des commentaires élaborés par la Commission des honoraires et approuvés par la Société centrale des Architectes français ;

« 3° Approbation par toutes les Sociétés d'un guide unique chiffré, indiquant les bases et conditions des honoraires des Architectes dans la moyenne des cas de la pratique de la profession.

« Je dois ajouter sur ce dernier point un éclaircissement nécessaire. On pourrait croire que j'ai par devers moi l'intention de proposer pour cette base chiffrée le résultat de mes travaux antérieurs, le tarif proportionnel adopté par la Société du Sud-Est.

« J'ai renoncé à cette forme compliquée, comme je l'explique dans cette étude (pages 35-36).

[2] Voir page 82 de l'Annuaire.

« Si donc j'étais appelé à me prononcer sur ces bases chiffrées et à proposer quelque chose, ce serait autre chose et plus simple dans la forme, quoique le fond n'ait pas varié.

« Dans l'espoir que vous voudrez bien apporter à cette communication l'intérêt qu'elle mérite, je vous prie d'agréer, mon cher Confrère, l'expression de mes meilleurs et dévoués sentiments.

« F. Roux. »

« Angers, 25 juillet 1891.

« Monsieur et très honoré Confrère,

Don d'une brochure sur les honoraires des Architectes Français, par M. Roux.

« J'ai l'honneur de vous accuser réception de votre intéressante brochure : *Honoraires des Architectes français*, que vous avez bien voulu m'envoyer pour la Société des Architectes de l'Anjou et je vous prie d'agréer les remerciements de la Société.

« Je communiquerai votre travail et votre lettre à mes Collègues, à la prochaine séance qui malheureusement n'aura lieu qu'au commencement d'octobre et je ferai voter sur vos conclusions.

« Personnellement je suis entièrement de votre avis, mais il sera bien difficile d'obtenir l'adhésion générale que vous demandez ; journellement, en Maine-et-Loire comme partout ailleurs je pense, des architectes consultés sur des notes d'honoraires de confrères, ne se font pas scrupule de critiquer ces notes et de fournir aux consultants des armes pour les combattre.

» Veuillez agréer, je vous prie, Monsieur et très honoré Confrère, l'expression de mes meilleurs sentiments.

« L. Tendron.
« Président de la Société des Architectes de l'Anjou. »

Le Président fait connaître à la Société la liste des brochures reçues depuis la dernière séance et lit une lettre de M. Dainville, Directeur de l'École régionale des Beaux-Arts d'Angers, qui remercie la Société du don d'une médaille pour l'année 1891 :

« Angers, le 19 mai 1891.

« Monsieur le Président et cher Confrère,

Lettre de M. Dainville, Directeur de l'École régionale des Beaux-Arts.

« Je suis bien reconnaissant à la Société des Architectes de d'Anjou, de continuer à mettre à la disposition de l'École régionale, une médaille destinée à récompenser l'élève le plus méritant du cours d'architecture.

« L'intérêt que la Société porte à notre école, au développement de l'enseignement des beaux-arts, et particulièrement à celui de l'architecture, est bien précieux pour mes collaborateurs et pour moi.

« Je vous prie de bien vouloir être l'interprète de nos sentiments auprès de la Société et de l'assurer qu'elle ne se trompe pas en comptant sur le dévouement de mes collaborateurs et sur le mien. Je suis très heureux de la juste opinion qu'elle a, du mérite de notre confrère Aïvas qui, du reste, se trouve déjà récompensé par le progrès de ses élèves.

« Veuillez agréer, Monsieur le Président et cher Confrère, l'assurance de mon affectueuse estime.

« E. Dainville.
« Directeur de l'École régionale,
« Président d'honneur de la Société des Architectes
« de l'Anjou. »

Lecture d'un rapport d'expert, par M. Meignan.

M. Meignan donne lecture d'un rapport d'expert sur une question d'honoraires.

Conférence de M. Deperrière sur son récent voyage en Allemagne, en Autriche et en Russie.

Sur la demande de M. Luson, le Président demande à M. Deperrière de vouloir bien communiquer à la Société ses impressions de voyage en Allemagne, en Autriche et en Russie. M. Deperrière s'empresse de satisfaire au désir que lui expriment ses collègues, très nombreux ce soir-là, et improvise une conférence très intéressante. La Société remercie chaleureusement l'honorable conférencier et le prie de bien vouloir rédiger un article sur son voyage pour l'Annuaire de 1892 et communiquer à une prochaine séance les photographies qu'il a rapportées.

Rien n'étant plus à l'ordre du jour, la séance est levée à onze heures vingt.

Séance du lundi 4 janvier 1892

L'an mil huit cent quatre-vingt-douze, le lundi quatre janvier, la Société des Architectes de l'Anjou s'est réunie au siège social à deux heures et demie du soir.

Etaient présents : MM. Aïvas, Ardoin, Barré, Beignet, Chauveau, Chevallier, Deperrière, Dubos, Dusouchay, Dussauze, Goujon, Luson, Martin, Pineau, Rabjeau, Roffay, Tendron et Dainville.

Excusés : MM. Rabineau, Renard et Séjourné.

M. Meignan, par suite de malentendu, n'a pu venir qu'au banquet.

L'ordre du jour portait : Ordre du jour.

1° *Lecture du procès-verbal ;*

2° *Résumé des travaux des Commissions ;*

3° *Communications du Bureau ;*

4° *Vote sur les conclusions de la brochure de M. Roux sur les honoraires ;*

5° *Vote sur l'emploi de la cotisation pour le Consortium restée en caisse ;*

6° *Examen de la proposition de M. Dainville, relative au changement de la date de l'élection du Bureau à fixer au mois de décembre ;*

7° *Election du Bureau ;*

8° *Tirage au sort des sections ;*

9° *Banquet, établissement Bourigault, rue Proust, à cinq heures.*

Le procès-verbal de la dernière séance est lu et adopté sans discussion.

Lecture et adoption du procès-verbal de la séance du 3 octobre.

Lecture est faite de lettres d'excuses des membres absents précités.

Troisième Section. Projet de mode de métré des ouvrages de terrassement, par M. Luson. Décision de la Société.

M. Luson lit un projet de mode de métré des ouvrages de terrassements, préparé par la troisième section et proposé à l'examen des confrères. Sur la proposition d'un membre, il est décidé que ce projet sera autographié par les soins du Secrétaire et une copie envoyée à chacun des membres de la Société.

M. Tendron prononce l'allocution suivante :

« Messieurs et chers Confrères,

Allocution du Président.

« Je dois tout d'abord vous adresser des compliments pour être venus si nombreux entendre la parole élégante de notre confrère l'honorable M. Deperrière. Dans son improvisation qui nous a tous si vivement intéressés il a su caractériser, d'un mot, les différents styles d'architecture des pays qu'il a visités. Si je l'ai bien compris, il a dit que l'architecture allemande s'attachait surtout aux détails, l'architecture autrichienne recherchait principalement l'échelle et que dans l'architecture russe il y avait des éléments capables de produire un nouveau style si quelque jour ils étaient mis en œuvre par un architecte de génie. Merci, au nom de tous, à l'aimable et savant conférencier.

Si j'étais méchant, pour résumer les travaux des sections, je vous renverrais au livre que l'on criait dans les rues, au temps de la Ligue : *Faits d'armes du duc d'Epernon*, on ouvrait et, à chaque page était écrit, en grosses lettres, le mot : Rien. Cependant, quelques membres ont travaillé : ainsi l'honorable M. Luson vous a lu un projet de mode de métré pour les ouvrages de terrassement. Le sectionnement, je regrette de le dire, devant son père, l'honorable M. Dussauze, n'a pas produit les résultats attendus. M. Dussauze est trop loyal pour ne pas reconnaître que son enfant a une conduite quelque peu irrégulière et qu'il ressemble au compagnon de Jean de Nivelle qui s'en va quand on l'appelle. C'est ainsi que nous avons convoqué la section compétente au Cercle pour lui soumettre nos comptes et que nous avons vainement attendu, le Secrétaire et moi, la venue des membres de la section. Il est possible que nous ne sachions pas *le prendre*, comme on dit vulgairement, un autre Président aura peut-être la main plus heureuse.

Il n'y a pas que le sectionnement qui n'a pas fait tout ce qu'il devait faire; je crois devoir m'excuser près de vous de n'avoir pas publié l'annuaire en temps opportun, j'y ai cependant travaillé longuement, aidé par le Secrétaire. Le retard est dû au nouveau classement de la correspondance et de la bibliothèque, auquel l'Archiviste M. Luson et moi avons collaboré.

Recevez, Messieurs, à ce moment du renouvellement de l'année, l'expression de mes vœux : j'espère que la Société de l'Anjou grandira et que l'union se maintiendra parmi nous. »

Mort de M. Bailly, Architecte, membre de l'Institut et membre correspondant de la Société des Architectes de l'Anjou.

M. le Président fait ensuite part de la mort de M. Bailly, architecte, membre de l'Institut et membre correspondant de la Société des Architectes de l'Anjou.

Circulaires et Questionnaires de l'Office du travail (Ministère du Commerce).

M. Tendron donne lecture de Circulaires et de Questionnaires envoyés par l'Office du travail (Ministère du Commerce).

Correspondance échangée avec le Secrétaire de la rédaction du journal *l'Architecture*, pour l'insertion, dans ce journal, du discours du Président Tendron à la séance du 18 avril 1891.

M. Chevallier, vice-président, communique la correspondance échangée entre le Secrétaire de la Société des Architectes de l'Anjou et M. Dupuis, Secrétaire de la rédaction du journal *l'Architecture*, au sujet de l'insertion dans ce journal du discours de M. Tendron, prononcé à la séance du 18 avril 1891. M. Dupuis a fait savoir que le Comité du journal *l'Architecture* avait décidé la reproduction demandée.

M. Tendron donne lecture d'une lettre de la Société des Architectes du Nord de la France relative à l'envoi gratuit du journal de cette société.

Il lit ensuite sa réponse.

« Lille, le 7 décembre 1891.

« Monsieur et cher Confrère,

« Nous vous avons envoyé la première année de notre journal *l'Architecture et la Construction dans le Nord*, nous allons commencer la publication de la seconde année.

« Nous désirons savoir si les numéros de 1891 vous sont parvenus et si vous désirez recevoir *gratuitement* notre publication à titre de Société correspondante.

« Nous vous prions de nous en avertir le plus tôt possible afin qu'il n'y ait pas de retard dans l'envoi des numéros de 1892.

« Nous espérons recevoir en échange vos travaux et les documents qui pourraient être publiés par votre Société.

« Vous voudrez bien aussi nous indiquer exactement l'adresse à laquelle les communications, publications, etc., etc., devront être adressées.

« Veuillez agréer, Monsieur et cher Confrère, l'assurance de mes meilleurs sentiments de confraternité.

« *Le Secrétaire*,

« A. MOURCOU. »

« Angers, 31 décembre 1891.

« Monsieur le Secrétaire et cher Confrère,

Correspondance avec la Société des Architectes du Nord de la France.

« La Société des Architectes de l'Anjou vous remercie vivement de l'offre que vous lui faites de lui continuer l'envoi gratuit de l'intéressante publication de la Société régionale des Architectes du Nord de la France. Elle vous accuse réception des numéros de l'année dernière qui ont été lus par chacun de nous et appréciés par tous.

« Nous vous enverrons en échange, comme votre Société le désire, les travaux et documents que la Société des Architectes de l'Anjou publiera.

. . . .

« Recevez, je vous prie, Monsieur le Secrétaire et cher Confrère, l'expression de mes meilleurs sentiments.

« *Le Président de la Société des Architectes de l'Anjou.*

« L. TENDRON. »

Lecture d'un jugement du Tribunal Civil de Rennes, en date du 17 février 1890 et d'un arrêt de la Cour de Rennes, en date du 29 juin 1891, relatifs à l'effondrement d'un plancher en sapin du Nord. Décision de la Société.

Sur la demande de M. Dussauze, le Président donne lecture d'un jugement du Tribunal civil de Rennes, en date du 17 février 1890, et d'un arrêt de la Cour d'Appel de la même ville, en date du 29 juin 1891, relatifs à un effondrement de plancher en sapin du Nord. Après échange d'observations, il est décidé que M. Beignet écrira à des confrères en Suède et en Norvège pour avoir des renseignements sur les bois de ce pays et leurs maladies.

Questionnaire de M. Roux.

A la demande de membres absents lors de la réunion du 3 octobre 1891, M. Tendron relit les conclusions de la brochure de M. Roux, relative aux honoraires, communiquées à la précédente séance et sur lesquelles cet honorable membre correspondant avait demandé le vote de la Société des Architectes de l'Anjou.

Proposition de M. Beignet adoptée par la Société.

M. Beignet dit que, attendu l'impossibilité de réunir la section compétente, il propose d'envoyer comme réponse à M. Roux le tarif des honoraires de la Société des Architectes de l'Anjou.

La proposition de M. Beignet est acceptée.

Ouvrages reçus.

Communication est faite des ouvrages reçus depuis le mois d'octobre.

Comptes de l'exercice 1891-1892, approuvés par la Société.

Les comptes de l'exercice 1891-1892, présentés par le Bureau, sont acceptés ; ils sont établis comme suit :

État des Dépenses et des Recettes de l'Exercice 1891-1892

RECETTES

	fr.	c.	fr.	c.
RECETTES ORDINAIRES				
Cotisations et jetons de présence :				
17 membres résidants, payant chacun 30 fr...			510	»
6 membres non résidants, payant chacun 15 fr.			90	»
Intérêts payés par la banque Richou, suivant compte.			1	65
Total des Recettes ordinaires.....			601	65
RECETTES EXTRAORDINAIRES				
Supplément de cotisation pour l'adhésion projetée au Consortium :				
23 membres, payant chacun 5 francs......... (Vote de la séance du 5 janvier 1891.)	115	»		
Le reste de la cotisation pour le Consortium devant être prélevé sur les fonds de la Caisse de la Société, ainsi que l'entrée.				
Cotisation de M. Dusouchay pour le banquet de 1891.	8	»		
Cotisation de M. Dubos, pour le banquet de Saint-Rémy-la-Varenne..............................	8	»		
NOTA. — Ces deux cotisations sont des remboursements d'avances faites par la Caisse de la Société pour paiement de souscriptions à des banquets auxquels ces membres n'ont pu assister ; mais dont ils étaient souscripteurs, la convention arrêtée avec les restaurateurs comprenant un nombre déterminé de convives.				
Boni sur la prévision de l'éclairage, exercice 1889-1890	4	»		
A Mémoire X..., porté en prévisions de dépenses, cet entrepreneur n'acceptant pas le règlement de son mémoire fait par un précédent Président........	18	»		
Total des Recettes extraordinaires..	153	»	153	»
Total général des Recettes...			754 f.	65

DÉPENSES

DÉPENSES ORDINAIRES	fr. c.	DÉPENSES A PAYER fr. c.	DÉPENSES PAYÉES fr. c.	fr. c.
Impression de l'Annuaire de 1891 à 300 exemplaires		100 »		
Impression de tableaux à 300 exemplaires et petites notes	Mémoire Lachèse			
Prière d'afficher	et Cie		15 »	
Cartes de visite, 100	id.		3 »	
Reliures, classeurs, etc. :				
Notes diverses	15 50			
Note Girard	6 50		45 50	
Note Defody	23 50			
Fournitures de bureau			13 25	
Menus du banquet de 1890 (note Paré)			17 50	
Timbres-poste pour envoi de tableaux, cartes de visite, convocations et correspondance			32 05	
Timbres-quittances			2 10	
Frais d'envoi d'Annuaires		10 »		
Frais de recouvrement de cotisations par la poste			0 85	
Remboursement de trois jetons de présence			7 50	
Loyer			100 »	
Gratification au concierge			20 »	
Éclairage			2 40	
Cote mobilière			10 55	
Allocation du Secrétaire-Trésorier			50 »	
Livre offert à l'École régionale des Beaux-Arts pour l'élève le plus méritant en architecture, et Médaille d'argent avec écrin			21 85	
Abonnement au Bulletin de l'Association provinciale		6 »		
Cotisation à la Caisse de Défense mutuelle des Architectes, exercice 1891-1892			12 »	
		116 »	353 85	
Total des Dépenses ordinaires		469 f. 85		469 85

DÉPENSES EXTRAORDINAIRES	fr. c.	DÉPENSES — A PAYER fr. c.	DÉPENSES — PAYÉES fr. c.	fr. c.
A reporter....	....	....	....	469 85
Excédent de dépenses de l'exercice précédent..............			10 95	
Fournitures de bureau du dit exercice... (Non portés au compte précédent établi avant ces dépenses.)			2 »	
Timbres-poste			1 50	
Cotisation à la Caisse de Défense mutuelle des Architectes, exercice 1890-1891...............			12 »	
La Société étant entrée dans cette association à la fin d'une année, il y a eu à payer deux cotisations presque en même temps.				
Cliché du cachet de la Société..	Note Lachèse et Cie		8 »	
Jetons en carton 500...........			6 »	
Tirage du Tarif d'honoraires à 500 exemplaires.............			20 »	
Note de M. Cauvin, joaillier-bijoutier à Paris :				
Quatre médailles d'argent et quatre écrins.......			15 40	
Réparation de serrure et fourniture de clef (note de M. Rochereau, serrurier).............			2 »	
Mémoire X (voir Recettes A.)...		18 »		
Banquet de St-Rémy-la-Varenne. Dépenses non comprises dans la souscription des membres participant à ce banquet et soldées par la Caisse de la Société :				
Cigares, 25 à 0,15.......	3 75			
3 paquets de cigarettes à 0,50...............	1 50			
Péage du pont..........	1 50		28 55	
Menus (note Viau).......	13 80			
Un 14e dîner...........	8 »			
Total des Dépenses extraordinaires........		18 »	106 40	
....	....	124 f. 40		124 40
Total général des Dépenses.....				594 f. 25

RÉCAPITULATION

Recettes	754 f. 65
Dépenses	594 25
Excédent de Recettes	160 40
Balance	754 f. 65

M. Martin, Secrétaire-Trésorier, a payé des dépenses prévues pour l'exercice précédent au compte de 1890, savoir :

Loyer	100 fr.	Pour mémoire.
Gratification du concierge	20	
Éclairage	1	
Total	121 fr.	

Vote sur l'emploi de la cotisation du Consortium restée en caisse.

Sur la proposition de M. Luson, il est décidé à l'unanimité que l'argent destiné au Consortium servira à faire frapper des jetons.

M. Tendron donne lecture de la proposition de M. Dainville :

« Angers, 6 décembre 1891.

« Mon cher Président,

Examen de la proposition de M. Dainville relative au changement de la date de l'élection du Bureau à fixer au mois de décembre.

« Je reçois tous les ans une demande de M. Sageret, Directeur de l'Annuaire des Architectes, au sujet des modifications qui ont pu survenir dans le personnel des architectes angevins.

« Tous les ans je constate que l'Annuaire est en retard d'un an pour publier la composition du Bureau de notre Société. Il y a là une erreur qui peut être nuisible à notre Société, et qui vient de ce que les élections ayant lieu très tardivement, elles ne peuvent être communiquées en temps voulu, ni par conséquent être insérées dans l'Annuaire.

« Je pense, mon cher Président, si vous n'y voyez pas d'inconvénient et que nos Statuts ne s'y opposent pas, qu'il serait à propos de faire les élections dans la première quinzaine de décembre, comme le fait la Société Centrale.

« On peut objecter que cela ferait deux réunions très rapprochées, mais je crois que vous pouvez faire voter par correspondance ainsi que le font toutes les Sociétés dont les membres ne résident pas dans la même ville. Vous connaissez la méthode adoptée : dans une réunion préparatoire des noms sont mis en avant, une liste est dressée, elle est envoyée à tous les membres ; ceux qui sont étrangers votent sur un bulletin enfermé dans une enveloppe fournie par la Société et l'adressent dans un pli cacheté, signé d'eux, pour constater qu'ils ont voté.

« Le secret du vote est ainsi assuré, et, pour peu que l'on s'y prenne à l'avance, tout le monde a le temps de se concerter et aucun conflit de personnes ne peut se produire.

« Veuillez agréer, mon cher Président, l'assurance de mon affectueux dévouement.

« DAINVILLE. »

Après échange d'observations, M. Dainville retire sa proposition.

Lettre de M. Deperrière à M. Roux pour défendre l'enseignement du dessin et de l'architecture à l'École régionale des Beaux-Arts d'Angers.

M. Deperrière lit la lettre qu'il adresse à M. Roux pour défendre l'enseignement du Dessin et de l'Architecture à l'École régionale des Beaux-Arts d'Angers (page 80 de l'Annuaire).

L'assemblée remercie M. Deperrière de son intéressante communication.

Étude sur les détracteurs et les admirateurs de l'architecture gothique ou ogivale par M. Tendron.

M. Tendron lit une étude sur les *Détracteurs et les Admirateurs de l'Architecture gothique ou ogivale*, dont l'insertion, dans l'Annuaire, est votée, sur la proposition de M. Beignet [3].

Élection du Bureau.

L'ancien Bureau est réélu à l'unanimité.

Tirage au sort des sections.

Le tirage au sort pour la formation des sections s'exécute conformément au règlement spécial du Sectionnement.

Les noms des membres résidants sont tirés d'abord et ensuite ceux des membres non résidants, afin d'éviter qu'une section ne soit composée que de membres non résidants.

Les noms des membres du nouveau Bureau ne sont pas tirés au sort, chacun d'eux devant, d'après le règlement, faire partie d'une section avec le titre de Vice-Président. Le Président de la Société ne fait partie d'aucune section (décision du 5 janvier 1891); le Vice-Président est Vice-Président de la première; le Secrétaire-Trésorier de la deuxième et l'Archiviste de la troisième.

Les résultats obtenus sont les suivants :

Première section.

PREMIÈRE SECTION. — *Attributions :* Honoraires, Contentieux, Usages locaux, Budget de la Société.

MM. Chevallier, Vice-Président; Meignan, Dusouchay, Deperrière, Dussauze, Rabineau, Ardoin.

Deuxième section.

DEUXIÈME SECTION. — *Attributions :* Archéologie, Beaux-Arts, Concours, Récompenses, Conférences, Excursions, Comptes rendus de livres et journaux. Questions d'hygiène, Choix du siège de la Société, Banquet annuel.

MM. Martin, Vice-Président; Roffay, Pineau, Beignet, Dubos, Ruault, Renard.

Troisième section.

TROISIÈME SECTION. — *Attributions :* Affaires se rattachant au bâti-

[3] Cette étude avec d'amples développements sera publiée plus tard.

ment, Cahier de charges, Mode de métré, Séries de prix, Examen d'échantillons.

MM. Luson, Vice-Président; Séjourné, Aïvas, Barré, Rabjeau, Chauveau, Goujon.

La séance est levée à 5 heures.

Banquet annuel.

Les membres de la Société se rendent à l'établissement Courcier, successeur de M. Bourigault, où ils retrouvent leur Président d'honneur, M. Dainville, qui avait dû quitter la séance avant la fin, et M. Meignan.

Comme les autres années le dîner a été très gai; à son issue le Président a prononcé le discours suivant :

« Messieurs et chers Confrères,

Discours du Président Tendron.

« Dans ces agapes confraternelles, ce que viennent chercher avec moi, les hommes de mon âge, ainsi que nos honorables doyens, près des membres qui ne comptent leurs années que par les printemps, c'est un regain de jeunesse, de cette jeunesse à qui rien ne paraît difficile, qui, bien avant Danton, avait pour devise : *De l'audace et toujours de l'audace*, qui agrandit tous les horizons illuminés des reflets du feu sacré qu'elle porte en soi, qui se berce d'illusions que le temps détruit les unes après les autres, et enfin à qui seule sont permis les longs espoirs et les vastes pensées. Toutefois, à nous qui avons dit adieu aux rêves d'un autre âge, il nous reste, sous les frimas de nos quarante-cinq, cinquante ou soixante hivers, un ardent et juvénile enthousiasme pour le vrai, le beau et le bien. C'est dans ce sentiment intense que nous trouvons le meilleur des antidotes contre l'âpre mélancolie qui s'attache au soir de l'existence, j'allais dire à l'existence entière. En effet, Messieurs, si l'on considère la vie, abstraction faite de toute croyance religieuse ou philosophique en un lendemain d'outre-tombe, l'on ne peut s'empêcher de dire que naître est le plus grand de tous les maux. De la vie, cette véritable boîte de Pandore, que de déceptions, que de tristesses, que d'angoisses ne sort-il pas? Pour quelques jours fortunés, combien de sombres années ! L'homme souffre d'autant plus qu'il est mieux doué et que son cœur est plus susceptible d'affection; il souffre alors des souffrances de ceux qui lui sont chers.

Aux maux inhérents à la nature humaine est venue s'ajouter, de nos jours, une anxieuse préoccupation de l'avenir social.

La disparition, dans les masses, de toute croyance en une vie meilleure, réparatrice de la vie terrestre et la diffusion de l'instruction, ont causé une soif violente et générale de bien-être et de jouissances, qu'une réforme de la société peut seule satisfaire, dans une certaine mesure, il en résulte un malaise social qui se trahit de temps à autre par de véhéments articles de journaux, ou d'incendiaires brochures, ou de formidables grèves.

Un nouvel académicien, le lieutenant de vaisseau Julien Viaud, connu dans le monde littéraire sous le nom de Pierre Loti, a écrit ce que l'on pourrait appeler, si ce n'était pas là une négation de toute foi, la profession de foi du XIXe siècle.

« Il n'y a pas de Dieu, il n'y a pas de morale. Rien n'existe de tout « ce qu'on nous a enseigné à respecter. Il y a une vie qui passe à « laquelle il est logique de demander le plus de jouissances possibles, « en attendant l'épouvante finale, qui est la mort. Je vais vous ouvrir « mon cœur, vous faire ma profession de foi : j'ai pour règle de con- « duite de faire tout ce qui me plaît, en dépit de toute moralité, de « toute convention sociale. Je ne crois à rien ni à personne. Je n'ai ni « foi ni espérance. »

Un confrère anglais, M. Harvey, architecte à Londres, ancien élève de l'École des Beaux-Arts de Paris, montre bien, dans l'exemple que je vais citer, jusqu'à quel point l'instruction pénètre les masses :

« ... On ne me croirait peut-être pas si je racontais l'acquit de tel ou « tel simple tailleur de pierres. J'ai un ami, entre autres, qui a com- « mencé son apprentissage à l'âge de treize ans, ou plutôt qui l'a « volé, comme il le dit, car il était trop pauvre pour payer les frais « d'un apprentissage. Cet homme-là a appris tout seul les mathéma- « tiques au delà de ce qu'il faut en savoir pour entrer à l'École poly- « technique de Paris, il a étudié la chimie, la physique, la physio- « logie, la botanique et tout cela seulement pour s'amuser, il a lu les « traductions de Voltaire, de Rousseau et de l'*Esprit des lois*, de la « philosophie d'Epictète, et il connaît fort bien la plupart de nos « classiques anglais; enfin il s'est formé, petit à petit, une biblio- « thèque de quatre cents volumes d'ouvrages de haut calibre. Ce « n'est pas un conte que je vous fais, je cherche à rester dans l'exacte « vérité, sans exagération aucune. Il est vrai que cet homme prime « ses collègues, mais il ne fait pas tache. On peut bien dire que tous « les bons ouvriers anglais lui ressemblent plus ou moins. Cela donne « beaucoup à réfléchir pour l'avenir de l'Angleterre. »

Un autre architecte, un Français, l'honorable M. David de Penanrun, membre de la Société centrale, a constaté, au Congrès des Architectes, en 1891, le mouvement social que je vous ai signalé et auquel il ne veut pas que les Architectes restent indifférents :

« Les questions d'économie sociale, a-t-il dit, sont plus que jamais « à l'ordre du jour. Le monde du travail s'agite et produit ses récla- « mations; on commence à s'apercevoir que tout n'est pas pour le « mieux et que l'organisation sociale est loin d'atteindre la perfection; « de tous côtés, enfin, les économistes élèvent la voix pour demander « de promptes et nécessaires réformes.

« Le champ de ces réformes est si étendu, les questions soulevées « sont si nombreuses et si complexes, elles paraissent parfois telle- « ment insolubles, qu'au premier abord l'esprit est tenté de renoncer « à leur examen ; mais il n'est pas possible d'y demeurer indifférent

« lorsque l'on considère leur importance, et surtout les conséquences « redoutables de tout retard apporté à leur solution..... L'importance « du rôle social de l'architecte ne lui permet pas de s'en désintéresser. « ......Ce qui doit tout d'abord frapper l'esprit dans les réclamations « (je ne veux pas dire les revendications) de ceux que l'on dénomme « aujourd'hui les *travailleurs*, c'est qu'en outre de la prétention à une « meilleure répartition des fruits du travail, on y voit invariablement « exprimé, le désir que la somme de labeur imposée à chacun, pour « en avoir sa part, soit ramenée à de plus équitables proportions. En « d'autres termes, on voudrait que l'ouvrier, pour subvenir à ses « besoins, ne fût pas tenu à un travail excessif et l'on demande en « même temps une proportion plus raisonnable entre les heures con- « sacrées au travail et celles données au repos. — Chacun connaît, au « surplus, cette théorie de la division des vingt-quatre heures du jour « en trois parties égales : huit heures pour le travail, huit heures « pour le repos. huit heures pour le sommeil, division spirituellement « dénommée les trois huit, et personne n'ignore que telle paraît être, « pour le moment, la solution ambitionnée par la masse de ceux qui « protestent contre l'état actuel des choses. »

Un troisième architecte, membre du Conseil d'administration de la Société nationale des Architectes de France, M. Péan, s'est occupé dans le journal l'*Architecte*, des revendications des ouvriers, relatives à la répartition des fruits du travail. Il termine ainsi son travail qui a pour titre les *Participations* :

« Je crois que l'on ferait sagement de s'occuper des ouvriers des « villes. Et qui donc pourrait le faire plus utilement que ceux qui les « emploient? — Beaucoup d'esprits éclairés veulent voir le remède « dans une juste participation aux bénéfices, entre ces deux facteurs « de la production, le capital et le travail. Il est à remarquer, en effet, « que les participants actuels ne font partie d'aucun mouvement et ne « demandent rien, si ce n'est qu'on les laisse libre de travailler en « paix. — Si la participation aux bénéfices réalisés par le capital doit « être un remède efficace aux maux qui menacent l'humanité, il con- « vient d'en user le plus largement possible. »

Je ne veux point rechercher ce soir, avec vous, Messieurs, si les réclamations des travailleurs sont excessives ou au contraire justifiées, ce n'est ni le lieu ni le moment et ce serait d'ailleurs pénétrer dans le domaine de la politique dont l'article 12 de nos statuts nous défend, à bon droit, l'accès ; je désirais simplement, en restant dans des généralités philosophiques, vous montrer la gravité de la situation exploitée par des faiseurs qui s'en servent comme d'un tremplin pour satisfaire leur ambition et dont l'intérêt est de tout bouleverser pour pêcher en eau trouble.

Mon intention était, en outre, en citant principalement des Architectes, de vous faire voir que le reproche adressé dans le Congrès de Bourges, en 1889, par l'honorable M. Charles Lucas, aux Architectes de se tenir trop à l'écart n'est plus aussi fondé en 1892 et que l'entrée de M. Trélat au Parlement semble avoir fait comprendre à notre corporation la justesse du proverbe : Aide-toi, le Ciel t'aidera.

Quels seront les résultats de ce duel redoutable entre le capital et le travail, les deux facteurs de la production, au prélude duquel nous assistons ? Par quelle voie arrivera-t-on à la paix sociale ? L'évolution réclamée se fera-t-elle pacifiquement par des concessions réciproques, ou la tempête dont nous entendons les sourds grondements se déchaînera-t-elle et des flots de sang seront-ils versés avant qu'il n'intervienne une transaction acceptable ; c'est là un terrible secret de l'avenir ?

Ne voulant pas, Messieurs, vous laisser sous cette triste impression, je vais vous entretenir, avant de me rasseoir, de sujets plus gais, je vous lirai trois réclames d'architectes ou soi-disant tels, je dirais volontiers de fumistes, la première doit être connue de nos doyens, elle a figuré au *Moniteur des Architectes*, la deuxième est une circulaire qui n'a pas vingt ans de date et fut imprimée et répandue dans la région de l'Ouest ; la troisième est plus récente, je l'emprunte à un almanach de la même région :

1° « M***,

« ARCHITECTE,

« *Expert au Tribunal civil*,

« rue....

« (Marais).

« Monsieur le Concierge,

« Faites-moi travailler comme Architecte pour votre propriétaire « ou pour vos locataires et je vous donnerai une large part dans les « honoraires qui me seront alloués.

« Si vous voulez vous en occuper, vous pouvez être certain de « réussir. Vous connaissez tout ce qu'il y a à faire dans votre maison, « et il suffira de les engager à se servir de mon ministère pour qu'ils « le fassent. Tout cela est important pour vous, songez-y bien et « mettez-y du zèle.

« Veuillez bien dire au propriétaire que je me charge, avec toute la « vigilance et le soin possibles :

« 1° Du Règlement des Mémoires ; 2° de l'Établissement des plans ; « 3° de faire les Baux de location ; 4° de la Vente et de l'Achat des « Maisons ; 5° de la Gestion des propriétés ; 6° de toutes Courses ou « Vacations ; 7° et de tous les Renseignements et Consultations.

« Écrivez-moi un mot par la poste et aussitôt je me rendrai chez « vous. »

2° « CABINET
« D'ARCHITECTURE
« —
« Z
« *Architecte-Expert*
« rue.....
« Y
« de midi à 1 heure.

« Y....., le...,,

« Monsieur,

« J'ai l'honneur de vous informer que je viens de fonder un Cabinet « d'Architecture à Y......, rue.....

« Je me charge de tous les travaux que comprennent l'architecture « et les lois du bâtiment, tels que plans, devis, vérifications, dé- « comptes, règlements de mitoyenneté, arbitrages, expertises, rap- « ports, état de lieux, etc.; achat et vente des terrains et d'immeubles.

« Je m'attache tout spécialement à la confection de mes plans et « devis de manière que la dépense totale du règlement ne dépasse pas « celle prévue au devis, chose qui est très rare à trouver de nos jours; « aussi je peux comme garantie me charger de faire exécuter à mon « compte les travaux pour la somme demandée au devis, ce qui dé- « gage complètement le propriétaire au sujet de l'exécution.

« En attendant vos ordres, Monsieur, j'ai l'honneur d'être votre « très humble serviteur,

« Y...

« Note confidentielle : *A toute personne qui me procurera des travaux,* « *je fais une remise de 1 °/₀ sur le montant des travaux.* »

3° « ARCHITECTURE ET GÉNIE CIVIL
« Cabinet fondé en 18.....
« *Nombreuses récompenses aux Expositions et Concours*
« X
« ARCHITECTE ET INGÉNIEUR

« Constructions de style du XIIe au XVIe siècle.
« Travaux de restaurations et de décorations.
« Création de parcs et jardins. — Plans en relief.

« Maisons bourgeoises et de rapport depuis 3,000 fr., clef sur porte.
« Expertise et États de Lieux.
« Brevets d'invention en France et à l'Étranger.
« Recherches d'antériorité.
« Installations industrielles et Travaux publics.
« Élévations et distributions d'eau pour châteaux, parcs, jardins et « dépendances. — Chauffage, éclairage, ventilation et rafraîchissement « des locaux. — Matériel perfectionné, neuf ou d'occasion, pour usines, « fabriques, mines, carrières, chantiers, voies ferrées, etc.
« Bâtiments industriels et agricoles depuis 8 francs le mètre de « terrain couvert.
« Plans, Devis et Renseignements gratuits.
« Exécution à forfait de tous travaux.
« S'adresser.....

J'ai voulu vous égayer et je m'aperçois que je me suis peut-être trompé de voie; car en y réfléchissant bien ces factums doivent plutôt nous inspirer de la tristesse qu'un autre sentiment. En effet, comment voulez-vous que le public, à qui manquent les moyens de faire une juste sélection dans nos rangs et qui nous met tous par conséquent *dans le même sac*, considère et respecte les architectes après avoir lu de pareils boniments !

Mais pendant que je parle, *fugit irreparabile vinum*, le vin d'Anjou de M. Courcier, perdu pour toujours, quitte nos verres, en pétillant, je dois donc m'arrêter.

Toutefois, avant de le faire, je veux remercier la Société d'avoir bien voulu me continuer dans mes fonctions de Président, je ferai de mon mieux pour me rendre digne de la sympathie que vous me témoignez, Messieurs.

Au nom de tous, je remercie notre Président honoraire, qui veut bien s'asseoir près de nous, à notre banquet, et nous donner ainsi une preuve de l'intérêt qu'il porte à notre Société.

Merci également à ceux de nos membres non résidants qui veulent bien se déranger pour venir ici, et aux organisateurs du banquet, à MM. Dubos, Goujon, Martin, et surtout à M. Pineau, qui a bien voulu choisir les mets, avec la compétence que nous lui reconnaissons tous.

Merci aussi à l'élégant et fécond dessinateur du menu, M. Beignet.

Merci enfin de votre bienveillante attention.

J'envoie l'expression de nos regrets aux honorables confrères que la maladie ou d'autres motifs sérieux retiennent loin d'ici.

Pour terminer, vous me permettrez, Messieurs, de porter un toast à la prospérité de la Société des Architectes de l'Anjou, *ad multos annos*. »

M. Dainville répond en quelques mots.

Résumé de la Correspondance en 1890-1891

EXTRAIT

REGISTRES	NUMÉROS	LIEUX	DATES	OBJETS DE LA CORRESPONDANCE	SIGNATAIRES
				Société Centrale	
A 3	62	Paris	20 mars 1891	Lettre d'envoi de la circulaire du jury des récompenses..................................	Garnier
Id.	62 *bis*	Id.	id.	Circulaire du Jury..................................	
D	94	Angers	21 avril	Réponse..................................	Tendron
D	96	Angers	23 mai	Notification de la décision de la Société concernant la non-affiliation au Consortium......	Tendron
A 3	63	Paris	5 juin	Notification de la décision de la Société Centrale décernant la grande médaille d'argent pour l'architecture privée à M. Beignet............	Garnier
D	165	Angers	5 juin	Réponse..................................	Tendron
A 3	64	Paris	4 décembre	Organisation du Congrès de 1892..............	Garnier
A 3	65	Paris	janvier 1892	Faire part du décès de M. Bailly...............	
				Caisse de Défense mutuelle des Architectes	
A 3	66	Paris	9 juin 1891	Convocation à l'Assemblée générale du 19 juin 1891. — Election de quatre membres du Comité..................................	Garnier et Lucas
B 1	91	Paris	15 déc. 1890	Quittance de la cotisation de l'exercice 1890-1891.	Bartaumieux
B 1	92	Paris	30 sept. 1891	Idem idem 1891-1892	Id.
				Affaire X.	
A 3	79	Angers	6 juillet 1891	Arrêt de la Cour d'Angers......................	
A 3	80	Divers	Diverses	Correspondance, sept lettres (voir registre E et D)	
				Journal l'*Architecture*	
E	156	Angers	10 janvier 1891	Notification de la nomination du Bureau	Tendron
D	100	Angers	30 octobre	Demande d'insertion du discours d'entrée en fonctions du Président Tendron, suivant décision de la Société en date du 18 avril 1891....	Martin
A 3	87	Paris	6 novembre	Réponse favorable..........................	Dupuis
				Consortium	
A 3	67	Châlons-sur-Marne	20 janvier 1891	Demande relative à l'envoi de Bulletins refusés par deux membres de la Société............	Gillet
A 3	68	Lyon	3 février	Demande de réponse au Questionnaire, relatif à la création ou au développement d'écoles d'architecture en province..........................	Journoud et Gillet
A 3	69	Lyon	8 mars	Invitation au Congrès de Limoges, demande d'envoi de délégués..........................	Journoud et Gillet

REGISTRES	NUMÉROS	LIEUX	DATES	OBJETS DE LA CORRESPONDANCE	SIGNATAIRES
A 3	69 *bis*	Lyon	23 avril 1891	Protestation contre l'accusation que l'Association provinciale est une rivale à la Société Centrale. — Explications proposées entre Sociétés non adhérentes et Consortium au Congrès de Limoges.	JOURNOUD
A 3	70	Senlis	14 avril	Demande de paiement de 460 francs...........	BERTHELOT
D	95	Angers	22 avril	Réponse..	TENDRON
D	98	Angers	21 avril	Notification à M. Journoud de la décision de la Société relative à sa non-affiliation au Consortium (séance du 18 avril.....	TENDRON
A 3	71	Lyon	25 avril	Réponse. — Regrets de la non affiliation. Invitation à la Société d'envoyer, quoique non adhérente, des délégués au Congrès de Limoges...	JOURNOUD
A 3	72	Lyon	8 juillet	Acceptation officielle par le Congrès de la décision de la Société....	Id.
A 3	73	Châlons-sur-Marne	15 juillet	Circulaire de l'imprimeur du bulletin du Consortium annonçant la création d'abonnements audit bulletin........	E. LE ROY
C 1	54	Lyon	2 juillet	Accusé de réception de l'Annuaire de 1890.. ...	JOURNOUD Président
				Union syndicale des Architectes français, 3, rue de Lutèce, Paris	
A 3	74	Paris	17 mars 1891	Rapport de M. Roy touchant les moyens à employer pour la défense des Architectes en province	
A 3	75	Paris	20 mars	Circulaire relative à un Questionnaire concernant la concurrence irrégulière faite aux architectes de province par les agents des services publics...	Paul GOUT
A 3	75 *bis*	Paris	Sans date	Questionnaire précité..........	
				Société régionale des Architectes du nord de la France	
A 3	76	Lille	Janvier 1891	Circulaire relative à la modification du Bulletin...............	MOURCOU et NEWNHAM
A 3	76 *bis*	Lille	7 décembre	Notification de l'envoi gratuit du journal *l'Architecture* et *la Construction dans le Nord*. Demande d'échange de publications..................	MOURCOU
E	172	Angers	31 décembre	Réponse..	TENDRON
				Société des Architectes de Nantes	
D	99	Angers	24 juillet 1891	Proposition d'excursion en commun des deux Sociétés............	TENDRON
A 3	78	Nantes	11 août	Réponse....	ESTÈVE
D	91	Angers	14 mars	Demande de renseignements relativement à un procès causé par un accident de chantier.....	TENDRON
A 3	77	Nantes	18 mars	Réponse..	CHENANTAIS
				Chambre des Experts du département de Maine-et-Loire	
A 3	92	Angers	2 avril 1891	Lettre d'envoi du Tableau des membres de la Chambre........................	FRANÇOIS A. THIBAULT. BARDY

REGISTRES	NUMÉROS	LIEUX	DATES	OBJETS DE LA CORRESPONDANCE	SIGNATAIRES
				École régionale des Beaux-Arts d'Angers	
A 3	88	Angers	18 janvier 1891	Demande d'envoi du Tableau pour les Archives.	DAINVILLE
D	90 *bis*	Id.	24 janvier 1891	Félicitations de la Société à l'occasion de sa visite au cours d'architecture, 20 janvier 1891 transmises à M. Dainville, Directeur..............	TENDRON
D	90	Angers	24 janvier	Idem, à M. Aïvas	Id.
A 3	90	Id.	28 janvier	Réponse..............................	AÏVAS
E	164	Id.	16 mai	Lettre d'envoi de la médaille pour l'élève le plus méritant en architecture..................	TENDRON
A 3	89	Id.	19 mai	Réponse..............................	DAINVILLE
A 3	91	Id.	26 septembre	Invitation à la distribution des prix et à l'exposition..............................	Id.
A 3	111	Id.	15 septembre	Ordre des Cours..............................	Id.
				Ministère du Commerce, de l'Industrie et des Colonies. (Direction de l'Office du Travail).	
A 3	81	Paris	30 octobre 1891	Notification de la création de l'Office du Travail, etc. *Circulaire* n° 1..............................	Jules LAX
A 3	82	Paris	15 novembre	Demande de renseignements..................	Id.
				Ministère de l'Intérieur	
A 3	83	Angers	24 avril 1891	Demande des Statuts et Règlement de la Société.	Commissaire central d'Angers
				Ministère de l'Instruction publique et des Beaux-Arts. (Bureau de l'Enseignement et des Musées.)	
A 3	84	Paris	4 mars 1891	Lettre d'envoi pour la bibliothèque de la Société d'un exemplaire du Compte-rendu des travaux de la Commission du Diplôme des Architectes..............................	Signature illisible
				Membres correspondants, honoraires et titulaires, etc.	
C 1	54	Nantes	6 mai 1890	« Le Président de la Société des Architectes de « Nantes, s'empresse d'accuser réception de l'an- « nuaire de la Société des Architectes de l'Anjou « (1890) et adresse en même temps ses plus vives « félicitations aux auteurs de cette très intéres- « sante publication..............................	E. CHENANTAIS
Id.	Id.	Paris	Id.	« ..... Avec tous ses remerciements pour l'An- « nuaire de la Société des Architectes de l'Anjou. »	Ed. CORROYER
Id.	Id.	Bordeaux	7 mai 1890	Remerciements et félicitations (voir page 66 du présent Annuaire)..............................	Ch. DURAND
Id.	Id.	Paris	Id.	Accusé de réception de l'Annuaire de 1890..... « Veuillez agréer mes remerciements et l'expression de mes meilleurs sentiments confraternels.	DUTERT.
Id.	Id.	Tours	8 mai 1890	Idem..... « et je félicite bien sincèrement la « Société des Architectes de l'Anjou, de sa haute « récompense obtenue à l'exposition de 1889 »...	Paul RAFFET
Id.	Id.	Nîmes	Id.	Idem..... « Remerciements et salutations em- « pressées »..............................	RÉVOIL Membre correspondant de l'Institut.

REGISTRES	NUMÉROS	LIEUX	DATES	OBJETS DE LA CORRESPONDANCE	SIGNATAIRES
G	54	Lille	11 mai 1890	M. Mourcou accuse réception de l'Annuaire 1890 au secrétaire-trésorier, et ajoute : « Recevez, mon « cher Confrère, mes félicitations pour votre idée « d'Album collectif envoyé à l'exposition univer- « selle, c'est un exemple à suivre, il ferait con- « naître bien des travaux exécutés par la province, « dont Paris n'a aucune idée — Merci de votre « bulletin, je l'ai lu avec intérêt et ses dessins « sont aussi intéressants, je vais essayer d'en « insérer dans notre prochain bulletin...........	MOURCOU
Id.	Id.	Paris	8 juin 1890	Monsieur le Président, « J'ai reçu comme membre correspondant de « votre Société l'Annuaire de 1890 que vous avez « bien voulu m'adresser et dont je vous remercie « Cette publication me permet de suivre avec « intérêt les travaux de solidarité professionnelle « que votre Société poursuit avec tant d'opiniâ- « treté et de constance. « Je profite de l'occasion qui m'est offerte pour « vous renouveler ma bien sincère gratitude de « l'honneur que vous m'avez fait, en me confé- « rant, sur la proposition de mon ami Beignet, « le titre de membre correspondant. « Veuillez agréer, Monsieur le Président, l'ex- « pression des sentiments les plus distingués de « votre confrère. »	Abel CHANCEL architecte du Ministère de l'Agriculture et du Ministère du Commerce, de l'Industrie et des Colonies.
Id.	Id.	Paris	Sans date	Accusé de réception du même Annuaire : « . . .. Avec tous mes remerciements. »........	ALDROPHE
Id.	Id.	Rouen	Id.	Idem. — « Et recevez nos remerciements »....	E. BARTHÉLEMY président de la Société des Architectes de la Seine-Infér.
Id.	Id.	Paris	Id.	Idem. — « Avec mes remerciements, veuillez « agréer, Monsieur le secrétaire, l'expression de « mes meilleurs sentiments »........	Pierre CHABAT
Id.	Id.	Lyon	Id.	Idem. — « Le dessin du menu de l'ami Beignet « est excellent, mais le menu lui-même me paraît « plus excellent encore et je regrette de n'avoir « pu l'apprécier qu'à distance »................	A. COQUET
Id.	Id.	Paris	Id.	Idem. — « Avec ses meilleurs compliments ...	COURTOIS-SUFFIT
Id.	Id.	Id.	Id.	Idem. — « Et je prie la Société d'agréer tous « mes remerciements ».........................	DAINVILLE Edouard
Id.	Id.	Id.	Id.	Idem. — « Je vous adresse, à ce sujet, mes bien « vifs et bien sincères remerciements..........	Er. GARIN
Id.	Id.	Id.	Id.	Idem. — « Avec tous mes remerciements	Ch. GARNIER
Id.	Id.	Id.	Id.	Idem. — « ..... et vous en adresse mes remer- « ciements .... « Salutations confraternelles » :	Paul WALLON
Id.	Id.	Id.	Id.	Idem. — « ..... Je vous remercie et vous prie « d'agréer mes civilités empressées............ .	Ch. VARINOIS
Id.	Id.	Id.	Id	Idem. — « ..... Je vous en remercie et vous « envoie mes confraternelles salutations	F. ROUX

REGISTRES	NUMÉROS	LIEUX	DATES	OBJETS DE LA CORRESPONDANCE	SIGNATAIRES
C	54	Divers	Sans dates	MM. Aucelet, G. André, de Baudot, J. Bouvard, Constant Bernard, H. Chevallier, Daumet, Demoget, Dubois, Dupuis, secrétaire de l'administration de la Société centrale, au nom de cette Société ; A. Foulhoux, Fromageau, Ferdinand Genay, président de la Société des Architectes de l'Est de la France, au nom de cette Société ; L. George, Guillaume, Ach. Hermant, Juste Lisch, A. Parrot, président de l'Académie des Sciences et Belles-Lettres d'Angers, au nom de cette Académie ; Paul Sédille, G. Raulin, L. Rogniat, secrétaire de la Société académique de Lyon, au nom de cette Société, E Vaudremer, ont renvoyé, après l'avoir signé, l'imprimé pour accusé de réception de l'Annuaire précité, 1890, adressé en même temps que cet annuaire.	
Id.	Id.	Nice	Sans date	Idem. — Association régionale des architectes du Sud-Est.	Sans signature Cachet de l'Association
Id.	Id.	Angers	6 mai 1890	Idem....................	DUSSAUZE
Id.	Id.	Paris	7 mai 1890	Idem....................	GUADET
Id.	Id.	Id.	Id.	Idem....................	A. BAILLY
Id.	Id.	Angers	Id.	Idem. — Société industrielle et agricole d'Angers et de Maine-et-Loire....................	JOUBERT Agent général
Id.	Id.	Paris	Id.	Idem....................	Ch. LUCAS
Id.	Id.	Bar-sur-Aube	7 mai 1890	Idem....................	DORMOY Président de la Société des Architectes de l'Aube
Id.	Id.	Paris	Id.	Idem....................	L. ETIENNE
Id	Id.	Lons-le-Saulnier	8 mai 1890	Idem. — Société régionale des Architectes de Saône-et-Loire, de l'Ain et du Jura...........	PELLETIER Secrétaire principal
Id.	Id.	Lille	7 mai 1890	Idem....................	MARTEAU
Id.	Id.	Id.	11 mai 1890	Idem. — Société régionale des Architectes du Nord de la France....................	Id.
				Accusés de réception de l'Annuaire de 1888 non insérés dans le précédent Annuaire.	
Id.	42	Tours	5 juillet 1889	« ..... Je profite de la circonstance pour féliciter « la Société de sa bonne direction et de son exposition du Champ-de-Mars, à Paris. »........	Paul RAFFET
Id.	Id.	Paris	6 juillet 1889	« ..... avec mes remerciements et mes meilleures salutations. »....................	DUTERT
Id.	Id.	Id.	Id.	« ..... et que je l'ai trouvé fort intéressant. Tous « mes compliments confraternels. ».............	GUILLAUME
Id.	Id.	Id.	Id.	« Monsieur et cher Confrère.............. « Veuillez agréer, je vous prie, l'assurance de « mes sentiments les plus empressés et tous mes « remerciements. »	E. VAUDREMER
Id.	Id.	Lille	7 juillet 1889	« ..... Mourcou, membre correspondant de la « Société des architectes de l'Anjou, a lu avec « intérêt le bulletin qui lui a été adressé. »...... . . . . « félicitation pour le fond et la forme de votre « bulletin. »....................	MOURCOU

REGISTRES	NUMÉROS	LIEUX	DATES	OBJETS DE LA CORRESPONDANCE	SIGNATAIRES
C	42	Paris	9 juillet 1889	« ..... et que son contenu m'a vivement intéressé.»	GARIN
Id.	Id.	Lyon	Sans date	« . .. et je vous remercie. »	G. ANDRÉ
Id.	Id.	Paris	Id.	« ..... Agréez, je vous prie, mes sincères remer- « ciements. »..	Pierre CHABAT
Id.	Id.	Lyon	Id.	« ..... Je félicite l'ami Beignet de son menu, on « est gai dans la Société des architectes de l'Anjou « et l'on banquette bien : deux choses qui me font « bien augurer de son avenir. »................	A. COQUET
Id.	Id.	Paris	Id.	« J'ajoute à cet accusé de réception tous mes « remerciements et mes compliments pour l'intérêt « qui s'attache à cette belle publication. »	DAINVILLE Edouard
Id.	Id.	Id.	Id.	« .... avec tous mes remerciements »..........	Ch. GARNIER
Id.	Id.	Reims	Id.	« ..... Merci....., bien à vous. »	Alph. GOSSET
Id.	Id.	Paris	Id.	« .... Je vous en remercie et vous adresse mes « cordiales salutations. »	F. ROUX
A 3	86 *bis*	Paris	4 janvier 1890	Remerciements à une invitation pour le banquet de 1891................................	RAULIN
D	97	Angers	23 mai 1891	Communication à M. Raulin, membre correspondant de la Société des Architectes de l'Anjou, relative au Consortium......................	TENDRON
A 3	85	Bordeaux	22 janvier 1891	Faire-part du décès de M. Charles Durand, architecte du Gouvernement à Bordeaux, membre correspondant de la Société des Architectes de l'Anjou..	Famille de M. Durand
A 3	86	Paris	10 juillet 1891	Lettre de M. F. Roux, architecte du Gouvernement, membre correspondant de la Société des Architectes de l'Anjou, relative à l'envoi d'une brochure sur les honoraires des architectes français et à la demande de l'opinion de la Société sur les conclusions de cette brochure .	F. ROUX
D	168	Angers	25 juillet	Réponse.. ..	TENDRON
A 3	108	Angers	6 décembre 1891	Proposition de modification de la date de la nomination du Bureau pour permettre l'insertion en temps utile des noms des membres du bureau dans l'annuaire Sagerct et autres.....	DAINVILLE Président d'honneur
A 3	100	Cholet	4 janvier 1891	Vote par correspondance........................	CHEVALLIER
E	154	Angers	9 janvier	Notification à M. Chevallier, de Cholet, de son élection de vice-président..	TENDRON
A 3	101	Cholet	10 janvier	Réponse. Remerciements.....	CHEVALLIER
A 3	119	Id.	27 février	Lettre concernant l'envoi de photographies pour l'Annuaire................................	Id.
A 3	102	Id.	24 avril	Remerciements du Vice-Président au Président, pour ses souhaits de bienvenue au bureau, etc.	Id.
A	104	Id.	4 juin	Projet d'excursion aux environs de Cholet, à Evrunes-Mortagne, complément de la précédente lettre..	Id.
D	101	Angers	3 septembre 1891	Communication de la lettre du secrétaire de la Société de Nantes, à M. Chevallier....... .. .	TENDRON
A 3	105	Cholet	7 septembre	Réponse..	CHEVALLIER

REGISTRES	NUMÉROS	LIEUX	DATES	OBJETS DE LA CORRESPONDANCE	SIGNATAIRES
D	102	Angers	5 décembre	Communication de la brochure de M. Roux pour rapport	TENDRON
A 3	106	Cholet	24 décembre	Réponse et renvoi de la brochure, temps manquant pour rapport...............	CHEVALLIER
D	103	Angers	24 juillet 1891	Remerciements à M. Martin pour lignes insérées au procès-verbal de la séance du 18 avril 1891.	TENDRON
A 3	93	Id.	17 mars	Communication relative à une proposition concernant le paiement de l'entrée à l'Association provinciale..............................	LUSON
A 3	94	Id.	31 juillet	Lettre d'envoi d'un mode de métré............	BEIGNET
A 3	95	Id.	30 juin	Lettre d'envoi des dessins du clocher de l'église du Pouliguen, pour l'Annuaire..................	DUBOS
E	167	Id.	24 juillet	Remerciements. Réponse.........................	TENDRON
A 3	96	Id.	31 juillet	Envoi de vingt-cinq autres dessins du même clocher	DUBOS
A 3	97	La Grange (La Possonnière)	20 novembre	Communication de listes pour l'élection du bureau de la Société centrale	DEPERRIÈRE
A 3	107	Angers	4 avril	Protestation de M. Robin contre l'affiliation projetée au Consortium et le cas échéant, contre le recours au système d'avances proposé	ROBIN
A 3	99	Id.	17 avril	Protestation contre tout engagement avec l'Association provinciale..........................	BARRÉ
E	158	Id.	2 février 1891	Notification à M. Chevallier, vice-président de la première section, des noms des membres de la première section avec prière de convoquer cette section pour l'élection du président et du secrétaire...........................	MARTIN
E	159	Id.	Id.	Idem à M. Luson, vice-président de la deuxième section..............................	Id.
E	168	Id.	Id.	Envoi d'imprimés pour les convocations à M. Chevallier et à M. Luson..................	MARTIN
				Prix d'impression de tableaux et Annuaires	
B 1	81	Angers	19 janvier	Série	BURDIN
B 1	82	Id.	Sans date	Série	PARÉ
				Exposition universelle de Tours en 1892	
A 3	110	Tours	1er déc. 1891	Invitation d'exposer...........................	FOURNIER maire
				Correspondances diverses	
C	54	Nancy	7 mai 1890	Société régionale des Architectes de l'Est notifie la composition de son bureau pour 1890 et constate qu'elle n'a reçu jusqu'à ce jour aucune communication de la Société des Architectes de l'Anjou..............................	Lucien HUMBERT Secrétaire général
A 3	189	Paris	29 sept. 1891	Circulaires et lettre de M. Barthélemy Raymond, statuaire, grand prix de Rome, relatives à la création d'un atelier préparatoire et spécial de modelage et de dessin pour l'admission à l'Ecole nationale des Beaux-Arts (section de Peinture et d'Architecture). — Transmises par M. Beignet...........................	BARTHÉLEMY
A 3	Id.	Id.	21 mars 1891	Extrait du journal l'*Architecture* n° 21, mars 1891, concernant ledit atelier.......................	GUADET
A 3	112	Id.	7 janvier 1892	Fernand Dehaitre, rue d'Oran, 6 (machines spéciales pour chauffage, ventilation, etc.)...... Don de brochure et offres de service.........	F. DEHAITRE

EXTRAIT de l'Inventaire au 1er janvier 1892 des Livres et autres objets appartenant à la Société des Architectes de l'Anjou et reçus depuis le précédent Inventaire ou non catalogués dans le précédent annuaire.

NUMÉROS de classement général de 1891	NOMENCLATURE GÉNÉRALE DES LIVRES ET AUTRES OBJETS NOMS DES SOCIÉTÉS qui publient, etc.	NUMÉROS et LETTRES de classement spécial à l'article	DÉSIGNATION DÉTAILLÉE DES LIVRES ET AUTRES OBJETS NOMS DES AUTEURS, etc.	ANNÉES des publications
1°	*Société des Architectes de l'Anjou*	7°	Annuaire de 1891.	1892
2°	*Société Centrale des Architectes français*	8°	*La Société Centrale et le repos du dimanche dans l'industrie du bâtiment*, par M. David de Penanrun, architecte.	Sans date
3°	*L'Architecture, journal hebdomadaire de la Société Centrale des Architectes français.*	4°	Quatrième année. Le numéro 20 manque.	1891
3° *bis*	*Moniteur général des cours de matériaux de construction*	B	Année incomplète.	1891
4°	*Bulletin mensuel de la Société Centrale des Architectes français*	A B	Table des Bulletins et de l'Annuaire. 6e série, 7e volume. Nos 1 à 6, janvier à juin 1891. Nos 7 à 12, juillet à décembre 1891. Table des Bulletins et de l'Annuaire.	1890 1891 Id.
6°	*Association provinciale des Architectes français*	E	Lecture faite à l'Assemblée générale de l'Association provinciale de Limoges, le jeudi 11 juin 1891, par M. H. Chevallier : *Le Consortium est-il nécessaire ?* Etude sur la situation actuelle du ralliement corporatif des Architectes français.	1891
6° *bis*	*Bulletin de l'Association provinciale des Architectes français*	B	L'année de la publication commence le 15 juin. 1re année, nos 4, 5, 6, 7 et 8. 2e année, no 2. — No 1 manque.	1891
7°	*Publications angevines*	G	*Recueil mensuel des Arrêts de la Cour d'Appel d'Angers et des Tribunaux de ressort*, sous la direction de Leproust et Périn. Numéro spécimen. 1re année, 1er numéro, janvier 1891.	1891
10°	*École régionale des Beaux-Arts d'Anjou*	5°	Compte rendu des travaux scolaires de l'année 1889-1890.	1890

NUMÉROS de classement général de 1891	NOMENCLATURE GÉNÉRALE DES LIVRES ET AUTRES OBJETS NOMS DES SOCIÉTÉS qui publient, etc.	NUMÉROS et LETTRES de classement spécial à l'article	DÉSIGNATION DÉTAILLÉE DES LIVRES ET AUTRES OBJETS NOMS DES AUTEURS, etc.	ANNÉES des publications
11°	*Conseil des Prud'hommes d'Angers*	C	Rapport lu à la distribution des prix décernés le 25 janvier 1891 par M. Camille Robert-Chagnias, rapporteur.	1891
17 *ter*	*Société académique d'architecture de Lyon*	A	Réponse de la Société académique d'architecture de Lyon au questionnaire proposé par le bureau de l'Association provinciale des Architectes français, relativement à la création ou au développement des écoles d'architectures en province.	1891
		B	Rapport de la commission chargée d'étudier la revision des règlements de voirie pour la ville de Lyon, lu et approuvé en séance du 6 mai 1891.	1891
18 *bis*	*L'Architecture et la construction dans le Nord*		Publication mensuelle de la Société régionale des Architectes du Nord de la France (Nord. Pas-de-Calais, Somme.)	
		A	1re année.	1891
19 *bis*	*Société régionale des Architectes du Midi de la France*	A	Bulletin n° 2.	1891
20°	*Société des Architectes de la Seine-Inférieure*	C	Résumé de l'examen des projets d'assainissement de la ville de Rouen, présentés à la Société.	1891
21 *bis*	*Société régionale des Architectes de Saône-et-Loire, de l'Ain et du Jura*	A	Bulletin n° 1. Années 1889-1890 et 1800-1891.	1891
22 *bis*	*Statuts et Règlements de Sociétés*	XXII	Société régionale des Architectes de Saône-et-Loire, de l'Ain et du Jura. Statuts et règlement.	1891
23°	*Tarifs d'honoraires d'architectes*	10°	Règlement des honoraires et des frais dûs aux Architectes pour les travaux exécutés dans les départements de Saône et-Loire, de l'Ain et du Jura et dans les régions où il est accepté par les associations corporatives.	1891
		11°	Règlement des honoraires et des frais dûs aux Architectes pour les travaux particuliers dans les départements de la Seine-Inférieure et de l'Eure et dans les autres régions où il est accepté par les Associations corporatives.	1891
24°	*Question du Diplôme.*	I	Compte rendu des travaux de la commission constituée par M. le Ministre de l'Instruction publique et des Beaux-Arts à l'effet d'examiner les conditions légales dans lesquelles est exercée la profession d'architecte, le système d'études qui en ouvre l'accès, la nature des diplômes existants ou à créer pour sanctionner ces études. — M. Achille Hermant, rapporteur. — Envoi du Ministère de l'Instruction publique et des Beaux-Arts.	1890

NUMÉROS de classement général de 1891	NOMENCLATURE GÉNÉRALE DES LIVRES ET AUTRES OBJETS NOMS DES SOCIÉTÉS qui publient, etc.	NUMÉROS et LETTRES de classement spécial à l'article	DÉSIGNATION DÉTAILLÉE DES LIVRES ET AUTRES OBJETS NOMS DES AUTEURS, etc.	ANNÉES des publications
25°	*Publications des membres titulaires, honoraires et correspondants de la Société des Architectes de l'Anjou.* (1).	4°	*Honoraires des Architectes français.* Étude raisonnée par F. Roux, architecte. — Don de l'auteur.	1891
		5°	*Mode de métré des travaux du bâtiment*, par M. A. Beignet. Id.	Sans date
		6°	*Étude sur deux articles du Cahier des Charges, Clauses et Conditions d'une adjudication à forfait*, par M. E. Dainville, architecte du département, président d'honneur de la Société des Architectes de l'Anjou.	1891
28 *bis*	*Photographies de l'église St-Laud à Angers (non cataloguées dans le précédent annuaire) — Don de M. Dainville, architecte de l'église St-Laud, président d'honneur de la Société des Architectes de l'Anjou.* Voir correspondance annuaire de 1891. A³, n° 57, 20 décembre 1890.	A B C D F	Plan. Façade principale. Intérieur. Détail de l'intérieur Id.	1890
29°	*L'Immeuble et la Construction dans l'Est*	3°	5e année. Les nos 2 et 5, 23 et 26, les autres manquent.	1891
30°	*L'Architecte, bulletin bimensuel, organe de la Société nationale des Architectes de France.*	C	20e année. N° 8 manque.	1891
32°	*L'Architecte-Constructeur, revue du monde architectural et artistique*	A	5e année commencée le 1er janvier 1890 (complément.) Manquent nos 33 et 40.	1891
37°	*Prospectus et catalogues*			
38°	*Tableaux de Sociétés d'architectes*	C	Société académique d'Architecture de Lyon Société des Architectes du département des Bouches-du-Rhône. Société des Architectes de l'Est de la France : Meurthe-et-Moselle, Vosges, Meuse, Ardennes. Société des Architectes du Dauphiné et de la Savoie. Société des Architectes de Nantes. Société régionale des Architectes du Nord de la France. Société des Architectes du Poitou et de la Saintonge, avec tarif d'honoraires. Société des Architectes de la Seine-Inférieure. Société régionale des Architectes de Saône-et-Loire, de l'Ain et du Jura. Société des Architectes de la Touraine.	1891

(1) Voir également au n° 2 (classement général) Annuaire de 1891 : 2° des Hautes-Études, par César Daly, don de l'auteur à la Société des Architectes de l'Anjou et 3° des Sociétés d'Architectes. — Conférence faite au Congrès des Architectes français (XVIIIe session — 1890), par Charles Lucas, architecte, membre de la Société centrale des Architectes français et des Sociétés d'Architectes de Lyon, Lille, Rouen, Versailles, Nice, Nancy et Angers. — Don de l'auteur à la Société des Architectes de l'Anjou.

NUMÉROS de classement général de 1891	NOMENCLATURE GÉNÉRALE DES LIVRES ET AUTRES OBJETS NOMS DES SOCIÉTÉS qui publient, etc.	NUMÉROS et LETTRES de classement spécial à l'article	DÉSIGNATION DÉTAILLÉE DES LIVRES ET AUTRES OBJETS NOMS DES AUTEURS, etc.	ANNÉES des publications
38° *bis*	*Tableaux de Sociétés autres que celles d'architectes*	A	Chambre des Experts du département de Maine-et-Loire.	1891
44°	*Machines et appareils pour établissements hospitaliers, et établissements d'instruction, etc.* Renseignements pratiques sur chauffage, ventilation, hydrothérapie, blanchisserie, désinfection, cuisine à vapeur, pharmacie, panification, chaudière et machine à vapeur, éclairage électrique.	A	Fernand Dehaitre, constructeur-mécanicien. Don de l'auteur.	1888
	Calorifère économique, système Robin.	B	Idem.	Sans date
45°	1° *Tarif de la Chambre des Experts du département de Maine-et-Loire.*	A		1891
	2° *Extrait du Tarif général.*	B		Sans date

NÉCROLOGIE

La Société des Architectes de l'Anjou a eu la douleur de perdre cinq de ses membres correspondants MM. Durand, Bailly, Chabat, Foulhoux et Monnier.

DURAND, Pierre

Pierre-Charles Durand, décédé à Bordeaux le 22 janvier 1891, à l'âge de soixante-sept ans, était architecte du Gouvernement et correspondant de l'Institut, etc. M. J.-L. Pascal, dans l'*Architecture* a fait un éloge du confrère décédé, que nous résumons.

Petit-fils et petit-neveu des constructeurs du grand théâtre de Bordeaux sous la direction du célèbre architecte Louis, et fils de l'architecte de cette ville, de 1840 à 1849, il débuta dans la Gironde, en 1848, par des restitutions d'églises et de châteaux historiques. Son travail le plus important, en ce genre, fut la reconstruction de Notre-Dame-de-Fin-des-Terres, à Soulac, il devint architecte de la Maison pénitentiaire de Cadillac, et par ses belles études d'archéologie où il était hors de pair, se fit très apprécier du service des Monuments historiques.

L'archéologie cependant ne tenait que la seconde place dans son intelligence d'artiste, c'est à ces compositions qu'il aimait surtout qu'on le jugeât. L'une de ses premières œuvres sous ce rapport et qui lui prit douze ans de sa vie, de 1866 à 1878, le grand établissement des Eaux et les Néothermes de Cauterets, garde malgré la comparaison de constructions similaires exécutées postérieurement, une supériorité saisissante.

Il fonda la Société des Architectes de Bordeaux, fut Président de la Commission des Monuments historiques de la Gironde, Président de l'Académie de Bordeaux, et enfin, en 1878, devint architecte de la Ville et construisit des établissements scolaires forts importants, la nouvelle Synagogue, les nouvelles Facultés des sciences et des lettres, qui lui valurent la croix de la Légion d'honneur, le marché des Douves, les vastes écuries du nettoiement, la grille monumentale du parc bordelais.

Ses nombreuses constructions privées, parmi lesquelles il faut noter l'hôtel de Paty place Puy-Berland, lui firent obtenir la grande médaille d'or de la Société Centrale pour l'architecture privée.

En outre de ses innombrables rapports, de notices archéologiques et d'une importante étude sur la Porte moyen âge du Palais, un des plus curieux monuments de Bordeaux, il avait publié une série de lettres de Victor Louis, en 1870, et poursuivait un long travail sur les Architectes de Bordeaux qui sera, nous le souhaitons, bientôt mis au jour.

Cet immense labeur l'a fait juger digne du titre de membre correspondant par l'Académie des Beaux-Arts.

« La mort l'a surpris pendant qu'il dirigeait encore un grand « travail, une reconstruction pour la bibliothèque de la Ville, et la « restauration du célèbre Palais Gallien, construction romaine où il « a fait preuve d'autant de sagacité, de recherche et d'ingéniosité, « que dans ses travaux archéologiques sur des œuvres du moyen « âge.

« Au nombre des hautes qualités qui lui constituaient une autorité « en dehors même de son milieu, il faut noter, avec une grande « aisance de parole, doublée d'une mémoire et d'une possession de soi-« même, dons précieux dans les commissions et réunions dont il ne « cessait de faire partie. une forme littéraire qui en faisait un rap-« porteur écouté, — puis une clarté dans l'exposition, et, par-dessus « tout, une passion, un dévouement, une activité inépuisables.

« C'était le sentiment du devoir qui présidait à toutes les actions de « sa vie.

« La loyauté conduisait son crayon, elle dirigeait sa plume, elle « dominait sa parole. »

Le maire de Bordeaux, au nom de la ville qui était fière d'un de ses enfants les plus éminents, M. Beaudin, au nom de la Société des Architectes de la ville, M. Cuq, au nom de l'Académie de Bordeaux, ont rendu un dernier hommage à ce confrère, au caractère bienveillant, courtois et affable et le plus parfait galant homme qui ait exercé la profession d'architecte, dit en terminant M. Pascal.

M. Durand, lors de sa nomination de membre correspondant de la Société des Architectes de l'Anjou, avait, le 6 août 1888, remercié la Société, par une lettre adressée au Président, et ainsi conçue :

« Bordeaux, 6 août 1888.

« Monsieur le Président et honoré Confrère,

« Par lettre en date du 2 courant, vous m'avez annoncé que la Société des Architectes de l'Anjou m'a fait l'honneur de me nommer membre correspondant.

« Je vous prie de remercier en mon nom la Société de la marque de sympathie qu'elle a bien voulu me donner en cette circonstance et à laquelle j'attache le plus haut prix.

« Veuillez agréer, monsieur le Président et honoré Confrère, l'expression de ma respectueuse considération.

« Charles Durand,
« Architecte du Gouvernement,
« Chevalier de la Légion d'honneur,
« Membre de la Société Centrale. »

Et le 7 mai 1890, en accusant réception de l'Annuaire de la Société des Architectes de l'Anjou pour 1890 il écrivait au secrétaire-trésorier :

« Bordeaux, 7 mai 1891.

« Cette publication me paraît très bien entendue : c'est sobre et « clair et les questions pratiques y sont très utilement étudiées. Il « serait à désirer que nombre de Sociétés provinciales en fissent « autant, au lieu de courir après des privilèges illusoires. Vous avez « pris la bonne voie pour relever l'architecture, en admettant qu'elle « soit si bas que certains veulent bien le dire. Dans tous les cas vous « faites acte de force et de travail, c'est le vrai moyen pour qu'on « vous connaisse et qu'on vous respecte.

« Tous mes compliments.

« Charles DURAND,
« Architecte S. C. »

BAILLY (A.-N.)

Antoine-Nicolas Bailly, né à Paris, le 6 juin 1810, est mort le 1er janvier 1892. Fils d'un ancien courrier du cabinet de Napoléon Ier, employé à l'administration des postes, il reçut une bonne éducation dans un pensionnat d'Auteuil où il resta jusqu'à dix-sept ans. En 1827 il entra chez Le Poittevin, architecte à Versailles, un peu plus tard, chez Debret, membre de l'Institut. Duban ayant pris la direction de l'atelier de son beau-frère Debret en 1829, Bailly devint son élève. En 1830, à l'âge de vingt ans, il fut reçu à l'École des Beaux-Arts où, dit M. Loviot, qui a publié dans l'*Architecture* une très intéressante notice sur M. Bailly et que nous résumons ici : « Il fit des projets très « étudiés, simples et consciencieux..... tout d'une pièce, excluant le « pittoresque, ne s'inspirant que de l'art antique. Tout en poursuivant « ses études il travaillait chez plusieurs architectes et il fut l'un des « dessinateurs que Letarouilly employa à sa grande publication des « édifices de Rome moderne. »

En 1834, devenu par la retraite de son père, le soutien d'une nombreuse famille, il dut renoncer à ses études scolaires et aux concours « vers lesquels son énergie au travail, son talent naissant, son « ambition l'attiraient. Il entra dans le service d'architecture de la « ville de Paris comme inspecteur des trottoirs et à l'Assistance « publique comme inspecteur des bâtiments affectés aux bureaux de « bienfaisance, aux bureaux des nourrices et à des institutions de « secours.

« Bailly se fit remarquer par son esprit réfléchi et le soin qu'il « apportait dans l'exécution des plus petits travaux ; il se montra « très attentif à satisfaire ses clients et à défendre leurs intérêts. » Son premier client fut un marchand de charbon au boisseau, porteur d'eau, débitant de marrons grillés. La plus grande partie de la clientèle de Bailly se forma dans la garde nationale dans laquelle, de grade en grade, il devint capitaine. Très beau cavalier, aimable et séduisant, intrépide valseur et comédien de salon, Bailly aimait passionnément le monde et le monde le recherchait. Ses succès mondains ne l'empêchaient pas de faire des projets, des dessins, tout ce qu'on lui demandait pour subvenir aux besoins de sa famille. Il composa beaucoup de tombeaux commandés à un grand marbrier, notamment celui érigé par la baronne d'Auribeau à son fils. Entré en relations avec M. Frémy, à l'occasion de ce monument, il fut patronné puissamment, dans la suite, par cet ami, qui le mit en relations avec Isaac Pereire et Haussmann et le fit devenir architecte du Crédit Foncier et de Mme Artaux-Haussmann.

« Parmi les travaux d'architecture privée que Bailly a dirigés, « citons : à Paris l'hôtel du prince de Montmorency-Luxembourg, de « M. Schneider, du marquis de Ganay, les modifications et l'extension « apportées aux bâtiments du Crédit Foncier, plusieurs maisons, des « établissements industriels, quelques tombeaux ; en province la cons- « truction du château de Choisy-le-Roi, la restauration du château de « Cany et de Theuville, l'agrandissement du château de l'Orme- « du-Pont.

« Bailly, ajoute M. Loviot, se montra toujours aussi respectueux « des devoirs confraternels que de tous les autres devoirs. Un trait « entre autres, mérite d'être cité. Étant l'architecte du comte Henri de « Pourtalès, il fut chargé de surélever l'hôtel que Duban avait construit « rue Tronchet. Bailly donna et maintient sa démission plutôt que de « faire à l'œuvre du maître des modifications qui l'auraient altérée.

« Poursuivant sa carrière administrative il fut, comme sous-inspec- « teur et ensuite comme inspecteur, attaché aux travaux de construction « de l'Hôtel-de-Ville, et inspecteur de Visconti, pour l'édification de la « fontaine Molière. Du service temporaire passé dans le service per- « manent, il fut, en 1854, nommé architecte de la sixième section. « Architecte en chef en 1860 et architecte divisionnaire en 1862, il eut, « à ces titres, la direction de grands travaux. Il fit les modifications « intérieures et la façade neuve de Saint-Louis, de 1861 à 1865, com- « posa les plans et les élévations de plusieurs casernes d'octroi, « construisit la mairie du IVe arrondissement, de 1862 à 1867, et enfin « le Tribunal de Commerce. Pour se consacrer tout entier aux travaux « de la Ville et de l'État il suivit l'exemple de ses collègues et intimes « amis Duc, Gilbert et Ballu et sacrifia les avantages que lui assurait « sa clientèle. »

L'empereur Napoléon III impressionné par l'attention délicate, le présage favorable de la découverte, en sa présence, lors de son passage à Brescia avec son armée, de la belle statue en bronze connue maintenant sous le nom de *Victoire de Brescia*, voulut que la façade de l'hôtel de ville de Brescia fût reproduite dans le Tribunal de Commerce. Toutefois, Napoléon III ne se souvenait pas du nom de la ville où était situé l'édifice, et il fallut que Bailly, par des photographies et des dessins vînt raviver les souvenirs du souverain. Bien qu'il n'y ait pas de dôme à l'hôtel de ville de Brescia, Napoléon III voulut un dôme. « Un dôme, dit M. Loviot, devait être construit, et il fallait « adapter à ce dôme un Palais de justice, avec un rez-de-chaussée, « des arcades, et au premier étage, des fenêtres et des pilastres très « ornés. Pour résoudre un pareil problème, ne fallait il pas le talent « le plus souple et le plus ingénieux ? Bailly le résolut si bien que les « exigences de l'empereur nous paraissent maintenant justifiées. Le « dôme forme heureusement point de vue à la jonction de deux bou- « levards et il est motivé par un escalier monumental. Les façades « sont de style élégant. Une superbe cour vitrée sert de salle de Pas- « Perdus et devient, quand on le veut, pour les fêtes et les cérémonies « municipales une des plus belles salles de Paris. Mais..... quand « Napoléon III vint assister à l'inauguration du Tribunal de Com- « merce il ne reconnut pas du tout l'hôtel de ville de Brescia, des « changements trop grands, selon lui, avaient été apportés. Il en « marqua son mécontentement au préfet de la Seine, et l'architecte « qui avait fait un prodige d'habileté resta quelque temps en dis- « grâce ! »

Commencé en 1860, ce vaste édifice fut terminé en 1865 ; il occupe un espace de 4,125 mètres où s'élevaient jadis les églises Saint-Barthélemy et Saint-Pierre-des-Arcis.

Bailly fit partie de la Commission des logements insalubres et de la Commission des Beaux-Arts de la ville, dont il devint plus tard vice-président. En 1870, il appropria aux besoins de la défense, les bâtiments municipaux construits sur les fortifications, en 1871, fut nommé ins pecteur général honoraire des travaux d'architecture de la ville, et devint vice-président du Conseil d'architecture.

Comme architecte de l'État, Bailly parcourut aussi une brillante carrière. Depuis 1844 il fut architecte des diocèses de Digne, Gap, Aix, Valence, Bourges, Limoges, Paris, reconstruisit la façade et abaissa le sol de la cathédrale de Digne, refit complètement la tour de Valence, rebâtit la nef de la cathédrale de Limoges, restaura à Bourges le palais de l'archevêché. Il fut membre de la Commission des Monuments historiques et devint inspecteur général honoraire des diocèses. L'un de ses plus imposants et remarquables travaux est la restauration de la maison de Jacques Cœur où il installa la Cour d'Appel et le Tribunal Civil.

En 1851 il ne fut pas décoré par sa faute, inspirée par le sentiment du devoir. Il eût fallu entreprendre un nouveau voyage, immédiatement après une absence, et quitter ainsi son service à la ville de Paris pour quelques jours encore. Le prince-président se rendait à Valence et il eût certainement décoré l'architecte s'il eût été présent, comme le préfet de la Drôme le lui avait demandé.

En 1853, il fut nommé chevalier de la Légion d'honneur pour ses travaux de la cathédrale de Digne, officier en 1868, commandeur en 1881. Il était commandeur de la Couronne d'Italie et titulaire de nombreux ordres étrangers. Il obtint une médaille de première classe à l'Exposition universelle de 1878.

Bailly a été président d'honneur de plusieurs sociétés provinciales d'architectes, élu membre, en 1868, de l'Institut royal des Architectes britanniques, membre de l'Académie des Beaux-Arts, en remplacement de Labrouste, en 1875, président de cette illustre Compagnie en 1891. En 1881, quand l'État donna aux artistes la faculté d'organiser eux-mêmes les salons annuels, Bailly fut élu président de la Société des artistes français, et réélu d'année en année. Il résista avec succès aux revendications de l'Assistance publique qui voulait prélever le droit des pauvres sur les recettes des Salons. Il aurait voulu que la Société fondât une maison de retraite pour ses membres malheureux, et il a obtenu qu'elle participât à la fondation de l'Orphelinat des Arts.

« En 1889 sa santé très ébranlée l'empêcha d'assister aux débats qui « amenèrent une scission, et que peut-être il aurait évitée par sa parole « toujours conciliante, sage et persuasive.

« A l'Exposition universelle de 1878, Bailly préside le jury de la « classe 61 ; en 1885, à l'exposition universelle d'Anvers, celui d'archi- « tecture ; à l'Exposition universelle de 1889, le jury d'admission, et « le jury des récompenses de la classe 41. Il fit partie, pendant de « longues années, des jurys du Salon et de l'École des Beaux-Arts, du « Conseil supérieur de l'École des Beaux-Arts et du Conseil supérieur « des Beaux-Arts. »

Il était l'aîné de onze enfants, et ne se maria en 1848, à quarante-huit ans, qu'après avoir assuré la situation de chacun des siens. Il dirigea paternellement l'éducation et les études de M. Tropey-Bailly, son neveu, et quand il jugea que le fils de sa sœur était devenu, comme il le disait, officier dans notre art, il voulut qu'au nom de Tropey celui de Bailly fût ajouté. « En confiant ainsi l'honneur de son « nom, fait remarquer M. Loviot, il donnait la marque suprême de son « estime et la plus virile des récompenses. »

Pendant cinquante ans, Bailly fit partie de la Société Centrale des Architectes français dont il fut deux fois vice-président et deux fois président « et il y reçut les plus sincères et les plus touchants témoi- « gnages que puissent rendre des confrères à un confrère vénéré. »

L'an passé encore, le 20 juin, il reçut de cette Société la médaille de jurisprudence pour rappeler que depuis 1840 il avait été, près du Tribunal de la Seine, un des experts les plus estimés. « Cette médaille, « dit le président Charles Garnier, la Société la décernait en outre à « Bailly pour la rehausser à tous les yeux et aussi comme une dis- « tinction très haute et très rare, ainsi que la médaille militaire, récom- « pense de simples soldats qui n'est jamais donnée à des officiers « supérieurs qu'au sommet de leur carrière, quand ils ont victorieu- « sement commandé en chef devant l'ennemi. »

Ses obsèques eurent lieu à l'église Saint-Augustin, le mardi 5 janvier au milieu d'une grande assistance d'artistes.

Au cimetière du Père-Lachaise furent prononcés des discours par M. Roujon, Directeur des Beaux-Arts ; comte Delaborde, membre de l'Institut ; Puvis de Chavannes, Bonnat, Paul Dubois, directeur de l'École des Beaux-Arts ; Daumet, Président de la Société Centrale des Architectes ; de Joly, vice-président de cette même Société.

Toujours d'une bienveillance extrême, M. Bailly avait eu la délicate attention de répondre dans les termes les plus aimables à la notification qui lui avait été faite de sa nomination de membre correspondant de la Société des Architectes de l'Anjou.

Le 2 décembre 1887 il écrivait à M. A. Beignet, alors président de la Société, la lettre suivante :

« Monsieur le Président et honoré Confrère,

« J'ai reçu la lettre, en date du 5 novembre dernier, que vous m'avez fait l'honneur de m'adresser, pour me demander au nom de la Société des Architectes de l'Anjou, que vous présidez, de me comprendre au nombre des membres correspondants de votre Association.

« C'est avec grand plaisir, Monsieur le Président, et très honoré Confrère, que j'accepte cette offre obligeante en vous priant d'être mon interprète auprès de vos collègues pour les assurer que je m'estimerai toujours heureux de trouver occasion d'être agréable à des Confrères et de les aider de mon concours, lorsque ce concours leur paraîtra utile.

« Agréez, Monsieur le Président, et très honoré Confrère, l'assurance de mes sentiments de considération distinguée.

« A. Bailly. »

CHABAT Pierre

Pierre Chabat, né à Paris, le 22 février 1827, y est mort le 8 janvier 1892.

L'Architecture et *la Construction moderne* lui ont consacré une notice.

« Les Architectes, dit M. Charles Lucas dans *la Construction moderne*, « viennent de perdre un de leurs confrères les plus justement honorés « et l'un des maîtres auxquels la génération qui s'élève doit d'intéres- « sants enseignements..... Nombreux étaient les architectes, les élèves « et les amis qui ont tenu, malgré l'inclémence de la saison, à lui « rendre les derniers devoirs. »

M. Colle, membre de la Société Centrale et l'un des élèves de Chabat, a prononcé une allocution aux obsèques qui ont eu lieu au cimetière Montmartre.

Élève de Garrez, Chabat avait été reçu, en 1846, à l'École des Beaux-Arts, puis il devint inspecteur chez Le Soufaché, de 1851 à 1853. Il fut successivement attaché de 1854 à 1858 à la Compagnie des chemins de fer du Nord, à l'Exposition universelle de 1855 et à des travaux d'art dans les chemins de fer italiens ; en 1865 il entra dans le service d'architecture de la ville de Paris, et c'est à lui que l'on doit, à l'Exposition de 1889, l'installation des classes 75 à 77 dans les galeries du Champ-de-Mars et des sections II et III de l'Histoire du Travail dans le palais des Arts libéraux. A cette même exposition, il reçut une médaille d'argent pour ses dessins d'architecture. Il prit, en outre, part avec succès à de nombreux concours publics : notamment en 1881, il obtint le premier prix pour les abattoirs de Pontoise qu'il édifia peu après ; en 1882, le premier prix pour les abattoirs de Biarritz et pour ceux de Montereau.

« Mais une vocation réelle portait Chabat vers l'enseignement, « aussi en 1864, époque à laquelle M. Émile Trélat l'appela comme « préparateur de son cours de construction civile au Conservatoire « national des Arts-et-Métiers, et le désigna peu après pour la place « de professeur adjoint d'architecture à l'École spéciale d'architecture, « Chabat s'adonna-t-il, en vue de ses cours à des études spéciales qui « lui fournirent la matière de nombreux et intéressants volumes. »

Plusieurs de ses ouvrages resteront des modèles d'une étude consciencieuse, d'une méthode parfaite et d'un soin qui s'étendait jusqu'aux détails mêmes de l'exécution.

« Dès 1862, il commençait sa longue série de publications par les « *Bâtiments de chemins de fer*, en 1865 il devint et resta depuis directeur « du *Journal-Manuel de peinture ;* viennent ensuite les *Fragments d'archi-* « *tecture*, sa collaboration à l'*Histoire de l'Ornement russe*, les *Éléments de* « *construction*, le *Dictionnaire des termes employés dans la construction* qui « eut deux éditions, la *Brique et la Terre cuite ;* un *Album de cons-* « *truction* avec notices pour les Écoles d'Aix, d'Angers et de Châlons, « demandé par le ministre du Commerce, un *Cours de dessin*, à l'usage « des écoles municipales et professionnelles, un deuxième ouvrage sur « la *Brique et la Terre cuite*, et finalement les *Tombeaux modernes*. « D'autres ouvrages encore étaient en préparation.

« Rarement autant de talent a été allié à autant de modestie que « chez Chabat ; pour lui, il n'y avait de satisfaction réelle que dans le « devoir accompli et entièrement accompli ; ceux qui l'ont intimement « connu le savent bien, comme ils savent aussi combien il était jus- « tement fier d'exercer cette profession d'architecte qu'il aimait pas- « sionnément. »

Notre confrère était membre de la Société Centrale des Architectes français et de la Caisse de Défense mutuelle des Architectes, il avait été nommé officier de l'ordre de Saint-Stanislas de Russie, en 1874, officier d'Académie en 1879, et officier de l'Instruction publique en 1888.

« Sa compétence toute spéciale lui avait valu récemment d'être « nommé membre de la Commission officielle d'essai des ma- « tériaux. »

Le 9 août 1888, il écrivait à M. Beignet :

« Monsieur le Président,

« En rentrant de voyage, je trouve votre lettre du 1er courant, et « je m'empresse de vous informer que j'accepte l'honneur de faire « partie du nombre des membres correspondants de la Société des « Architectes de l'Anjou.

« Veuillez agréer, Monsieur le Président, l'assurance de ma consi « dération très distinguée.

« Pierre Chabat. »

FOULHOUX Alfred, architecte en chef de l'Indo-Chine.

La Construction moderne lui a consacré la notice suivante due à M. Charles Lucas :

« Mercredi 20 janvier (1892), est décédé subitement à Saïgon « (Cochinchine), M. Foulhoux, architecte, qui depuis vingt-cinq « années habitait cette colonie, et avait été, en 1872, après la dé- « mission de M. Monnier, nommé par le ministre de la Marine et des « Colonies, chef de la section des bâtiments civils du service des « travaux d'architecture de la Cochinchine.

« C'est en cette qualité que M. Foulhoux avait tracé le plan de la « partie neuve de la ville de Saïgon, et fait élever le palais du gou- « verneur général, ainsi que plusieurs autres édifices publics tant à « Saïgon que dans les autres villes de l'Indo-Chine française.

« Plus récemment, notre confrère avait fait ériger à Paris, sur l'es- « planade des Invalides, lors de l'Exposition universelle de 1889, un « pavillon très original, inspiré de l'art Khmer, et dans lequel avaient « été mises en valeur, grâce à d'ingénieux aménagements fort remar « qués, les principales richesses naturelles et ouvrées de notre colonie « de l'Extrême-Orient.

« M. Foulhoux, déjà officier d'Académie et chevalier de la Légion « d'honneur, avait été promu officier de l'ordre en 1889, il était égale- « ment commandeur de l'ordre royal du Cambodge et officier du « Dragon d'Annam. Il avait publié en 1890, dans le journal l'Archi- « tecture, une très intéressante étude sur l'*Architecture annamite.* »

MONNIER Jules-Eugène

Monnier (Jules-Eugène), est né à Lure (Haute-Saône), le 17 février 1839, et décédé, fin avril 1892, à Sucy-en-Brie (Seine-et-Oise.)

M. Ch. Lucas, dans *la Construction moderne,* et M. F. Roux, dans l'*Architecture*, ont retracé sa vie ; nous résumons ces notices :

Après avoir fait de bonnes études dans son pays natal, Monnier vint à Paris, muni du diplôme de bachelier ès sciences, et entra dans l'atelier de J.-B. Guénepin, pour se préparer à suivre la carrière d'architecture qui l'attirait et le passionna durant toute son existence. Il fut d'abord attaché au service d'architecture de la ville de Paris pour la restauration de l'église Saint-Laurent par Constant-Dufeux et pour la construction du théâtre du Vaudeville par Auguste Magne ; il devint ensuite architecte commissaire-voyer, expert près les tribunaux de Paris et architecte diocésain. Le dernier poste qu'il occupa en cette qualité, fut celui de Vannes. Ces différentes fonctions administratives lui avaient valu l'estime et la considération de tous.

En 1883, il avait obtenu au Salon une troisième médaille et, en 1887, une médaille de deuxième classe. La Société Centrale des Architectes français lui décerna également la mention d'architecture privée.

Le concours pour la construction du théâtre de Constantine lui valut une première mention.

On lui doit — en 1871, la construction de l'atelier du peintre Gigoux, son compatriote, rue Châteaubriant, — en 1872, la restauration de la mairie de Vanves, — en 1873, la flèche sans poinçon de l'église de Vanves, — en 1874, les pavillons neufs et la restauration du château de Mme de Balzac, à Villeneuve-Saint-Georges, — en 1875, l'école évangélique libre du Luxembourg, rue Jean-Bart, — en 1876, la tranformation du château Praslin à Auteuil, pour un pensionnat de cent cinquante jeunes filles, — en 1877, un groupe scolaire pour mille enfants, à Malakoff, — en 1879, l'hôtel du comte Mniszeck, prince de Smolensk, rue Balzac, cet hôtel est plus connu sous le nom d'hôtel de Balzac, — en 1880, l'hôtel de M. Lemerre, éditeur, rue Chardin, — en 1881, un autre hôtel pour M. Chamier, cité Aublet, — en 1882, 1883, 1884, trois maisons de rapport, — en 1885, le pavillon du grand séminaire de Luçon, — en 1887, à Saint-Claude (Jura), le monument de Voltaire et Christin — et en 1888, une villa à Meudon, avenue Jacqueminot.

Toutes ces œuvres, dit le confrère Roux, témoignent d'une réelle valeur artistique et de la science de constructeur de leur auteur.

Mais il faut, écrit M. Lucas, surtout noter dans la carrière d'Eugène Monnier, le dévouement avec lequel il remplit pendant huit années, de 1882 à 1890, les fonctions de secrétaire rédacteur (1882-1884), secrétaire-adjoint, directeur des conférences (1885-1887), et enfin de secrétaire principal (1888-1890) à la Société Centrale des Architectes français, où il fut admis le 24 juin 1869. Dès le début, il prit une part considérable aux travaux des commissions et des sections de cette Société qu'il aimait et à laquelle il fit don d'une somme destinée à perpétuer la fondation d'une grande médaille de bronze qui doit être décernée, chaque année, au Congrès, à un instituteur primaire s'étant distingué, dans son école, pour l'enseignement du dessin.

Ancien inspecteur de l'enseignement du dessin dans l'arrondissement de Sceaux, il avait été toujours, en effet, vivement préoccupé de cet enseignement. En outre de la médaille, il fonda trois prix, et toujours pour encourager l'enseignement du dessin pour les écoles de la ville d'Eu, celles de Luxeuil, celles de Vanves.

« Dans son dévouement pour les intérêts de la corporation à laquelle « il appartenait et qu'il servait avec tant de zèle, Monnier fut un des « premiers adhérents à la Caisse de Défense mutuelle. »

Il fut au temps de la fondation du journal *l'Architecture*, un collaborateur assidu. Il avait entrepris de publier des études sur toutes les Sociétés d'architectes existant en France; une notable partie en avait paru en 1888, lorsque la maladie le força de résigner ses fonctions de secrétaire principal de la Société Centrale.

« Eugène Monnier, dit en terminant M F. Roux, avait de nombreux « amis parmi ses confrères : sa mémoire sera conservée comme celle « d'un homme loyal et sincère, d'un architecte qui s'était voué avec « passion à l'exercice de son art et qui pratiquait le plus complet « dévouement aux intérêts de la corporation à laquelle il était fier « d'appartenir. »

M. Monnier, lors de sa nomination de membre correspondant de la Société des Architectes de l'Anjou, écrivait les 18 juillet et 5 août 1888 au Président de la Société :

« Monsieur le Président,

« C'est avec grand plaisir que j'accepte le titre de membre correspondant de la Société des Architectes de l'Anjou.

« ..... C'est une faveur dont j'apprécie tout le prix et dont je me sens très honoré.

« ..... Comme témoignage de mes sentiments, je prends la liberté de vous prier d'offrir à la Société, en mon nom, la plaquette ci-incluse, relative à un des travaux dont j'ai été chargé [1].

« Veuillez agréer, Monsieur le Président, l'hommage de mes sentiments confraternels.

« J.-E. Monnier,
« Secrétaire principal de la Société Centrale des Architectes français. »

L. Tendron.

[1] L'ancienne église de Vanves et sa nouvelle flèche sans poinçon.

ETUDE

SUR

Deux articles du Cahier des Charges, Clauses et Conditions d'une adjudication à forfait

---

4 juillet 1891.

MESSIEURS ET CHERS CONFRÈRES,

J'ai eu l'occasion de constater, soit de la part des administrations, soit de la part des architectes, une grande tendance à faire exécuter les travaux communaux par voie d'adjudication à prix fait.

Si la forme du marché à forfait garantit la commune contre toute augmentation de la dépense, il est nécessaire que les obligations de l'adjudicataire soient nettement définies et ne donnent prise à aucune interprétation. En tous cas, il faut que le contrat soit conforme au droit commun et à la jurisprudence en matière de travaux communaux.

Un des éléments essentiels du contrat est le Cahier des Charges, Clauses et Conditions de l'adjudication. Le cahier des charges ne s'impose pas seulement à l'entrepreneur, mais aussi à l'architecte, et il lie l'administration. — Il est rédigé par l'administration communale, et soumis à l'approbation du Préfet. C'est donc avec le plus grand soin que l'architecte doit en étudier tous les termes, et au besoin demander la modification de ceux qui s'écarteraient des règles précitées avant qu'ils n'aient été soumis à l'approbation de l'autorité supérieure.

Il est deux articles qui souvent prêtent à des interprétations, et font naître des difficultés qu'il faut prévoir et éviter. L'un concerne les pièces à fournir par l'entrepreneur pour être admis à concourir. L'autre est relatif aux modifications qui peuvent être demandées ou exécutées au cours des travaux.

C'est pourquoi, mes chers Confrères, je soumets à votre appréciation les observations que me suggèrent ces deux articles.

§ I

PIÈCES A FOURNIR, DU CERTIFICAT DE CAPACITÉ ET DU VISA

Parmi les pièces à fournir par l'entrepreneur, pour être admis à concourir, se trouve le certificat de capacité délivré par un architecte connu, sous les ordres duquel l'entrepreneur aura travaillé. Quelquefois on en exige deux, émanant soit d'architectes, soit d'ingénieurs.

Le certificat doit toujours mentionner quels sont les travaux exécutés par l'entrepreneur, s'il a rempli tous ses engagements avec fidélité et sincérité, tant envers l'administration qu'envers ses ouvriers et fournisseurs et les tiers qui peuvent y être intéressés, comme le sont les propriétaires limitrophes du lieu où sont exécutés les travaux. La date de ce certificat doit également être relativement récente.

Enfin, il est généralement dit au Cahier des Charges, que le certificat, sous peine de nullité, sera visé par l'architecte chargé de la conduite des travaux, et pour cela lui être présenté au moins huit jours avant la date de l'adjudication.

Le visa est obligatoire au point de vue administratif, il l'est tant pour l'entrepreneur que pour l'architecte, qui ne saurait sans s'exposer à être pris à parti, se refuser à le donner dans les délais impartis au Cahier des Charges.

En effet, ce n'est pas l'architecte qui admet ou refuse à l'entrepreneur la faculté de soumissionner. Il ne peut qu'éclairer le jugement des membres de la commission instituée par l'administration municipale pour procéder à l'adjudication ; et c'est pour cela que les certificats de capacité doivent lui être présentés assez longtemps à l'avance pour qu'il puisse recueillir sur le compte de l'entrepreneur tous les renseignements nécessaires pour asseoir son avis.

Si l'architecte avait le droit de refuser son visa, ce serait lui donner le droit d'écarter, sans en donner les motifs, certains entrepreneurs.

On sent le danger qu'une telle disposition du Cahier des Charges pourrait créer à l'architecte : accusation de favoritisme de la part de l'évincé, etc.

Vis-à-vis de l'administration ne prendrait-il pas une initiative trop grande, qu'elle lui reprocherait peut-être un jour, et l'amènerait à solidariser l'architecte et l'entrepreneur. Solidarité qui ne doit exister que pour des faits relatifs à une faute commune comme un défaut dans l'exécution par suite d'un manque de surveillance reprochable, et non pour des faits qui ne peuvent être imputés qu'à l'entrepreneur, notamment, ceux qui résulteraient d'une fraude qu'une surveillance attentive ne saurait empêcher.

C'est du reste dans ce sens que la jurisprudence des tribunaux administratifs se prononce avec juste raison ; les architectes doivent donc éviter avec soin tout motif de l'en faire dévier.

D'un autre côté, il est juste que les motifs qui doivent faire écarter un entrepreneur d'une adjudication, ne soient pas donnés en public mais lui soient communiqués par la commission devant laquelle a lieu l'adjudication, afin que l'entrepreneur puisse se justifier, et au besoin en appeler à l'administration supérieure chargée d'approuver ou d'annuler l'adjudication.

En conséquence, je pense que le paragraphe du Cahier des Charges concernant le visa, devrait contenir une formule de nature à bien déterminer le devoir et les droits de l'architecte, et être conçu à peu près dans ces termes :

« La visa de l'architecte étant une formalité obligatoire, qui a « pour unique but de constater que le certificat lui a été com- « muniqué en temps utile, n'entraînera dans aucun cas de la « part de l'architecte l'admission de l'entrepreneur à concourir. « L'architecte conservant au contraire le droit de faire valoir « les motifs de son refus devant la commission administrative « chargée d'examiner les titres de l'entrepreneur à concourir.

« Mais, passé le délai fixé au Cahier des charges, l'architecte « aura le droit de refuser de viser tout certificat qui lui sera « présenté, sans avoir besoin de donner d'autre raison à son « refus, et l'entrepreneur, dans ce cas, ne sera pas admis à « soumissionner. »

§ II

DES MODIFICATIONS QUI PEUVENT ÊTRE DEMANDÉES OU EXÉCUTÉES AU COURS DES TRAVAUX

Dans le cas qui nous occupe, il s'agit d'un marché à prix fait, dont les conséquences sont prévues par l'article 1787 du Code civil. Il faut remarquer que l'application de cet article peut se combiner par suite d'une revendication de l'entrepreneur avec les articles 1356, 1358, 1359 du même Code. En effet, le tribunal administratif pourrait parfaitement écarter la revendication de l'entrepreneur contre la commune, en laissant à l'entrepreneur le soin de se pourvoir devant les tribunaux civils, pour la réparation d'un dommage qu'il aurait éprouvé, en exécutant des ordres soit des administrateurs communaux, soit de l'architecte, et l'application des articles 1356, 1358 et 1359, pourrait très bien avoir un effet direct contre leur personne, puisqu'il s'agit de l'aveu, et que cet aveu peut ressortir de plusieurs façons de l'ensemble des faits de la cause.

Pour éviter ce danger très réel et très grand, je pense qu'il faudrait insérer au Cahier des Charges un article qui préviendrait à la fois l'administration communale, l'architecte et l'entrepreneur, des risques qu'ils peuvent courir en ne remplissant pas toutes les formalités qui concernent les marchés à forfait, lorsqu'il s'agit de modifications apportées au cours de l'exécution, article qui pourrait être conçu à peu près en ces termes :

« Si au cours de l'exécution des travaux, l'architecte pour « une cause de solidité, ou toute autre cause valable, jugeait « qu'il y a lieu d'en augmenter ou d'en diminuer certaine « partie, ou faire compensation d'un ou de plusieurs articles « sur d'autres, il l'établira dans un mémoire adressé à l'adminis- « tration compétente et, après approbation par l'autorité supé- « rieure, l'entrepreneur sera mis par l'architecte en demeure « d'accepter les nouvelles conditions du travail.

« Si l'entrepreneur s'y refuse, les travaux seront interrompus « jusqu'à ce qu'il ait été statué définitivement sur la difficulté.

« Dans le cas où la modification donnerait lieu à une aug- « mentation de dépense, l'entrepreneur ne pourra en réclamer le « montant qu'autant que le prix en aura été débattu à l'avance « et accepté par écrit par l'entrepreneur et l'administration « municipale dûment autorisée.

« En cas de force majeure et pour éviter des accidents, il sera « dressé un procès-verbal de constat, qui sera signé par l'admi- « nistration, l'adjudicataire et l'architecte. Par lequel procès- « verbal, l'architecte sera autorisé, ainsi que l'entrepreneur, « à exécuter d'urgence les travaux de conservation sous la « réserve des droits de chacun. Et dans le cas où l'entrepreneur « se refuserait à les faire, l'architecte aura le droit, sur l'ordre « de l'administration municipale de les faire exécuter en régie « par les ouvriers de son choix, sous la réserve des droits de « l'entrepreneur. La commune étant tenue d'en faire l'avance. »

Il est bien essentiel de ne pas confondre le cas de force majeure avec l'urgence. Un cas de force majeure a pour cause un fait entièrement en dehors de la volonté et des actes des constructeurs. Tels sont les effets des orages, ébranlements du sol, affouillement des terrains par les eaux, ébranlement des constructions par le choc d'un corps mû par une cause étrangère au fait de l'entrepreneur, etc.

Tandis qu'un cas de travail urgent peut parfaitement être dû à des causes premières du fait des contractants, et dans ce cas l'un ou l'autre peut avoir des raisons, soit de laisser aux choses toute leur apparence, soit d'y remédier dans le plus bref délai possible.

C'est pour cela que le procès-verbal de constat doit être signé, et on ne peut pas voir l'intérêt de l'entrepreneur à ne pas le signer. Mais il peut en avoir un à ne pas exécuter les travaux qui dans ces circonstances peuvent présenter un caractère de gravité et de danger, dont il peut ne pas pouvoir calculer l'étendue ni vouloir en assumer la responsabilité.

Cette question de la ruine des ouvrages en cours d'exécution, mérite une étude spéciale qui intéresse l'architecte et l'entrepreneur ; je me propose, Messieurs et chers Confrères, de la soumettre bientôt à votre appréciation.

Ern. Dainville,

Architecte du Département,
Président d'honneur de la Société des Architectes
de l'Anjou.

Lettre de M. G. Deperrière, membre titulaire de la Société des Architectes de l'Anjou à M. Roux, membre correspondant, pour la défense de l'enseignement du dessin et de l'architecture à l'École régionale des Beaux-Arts d'Angers [5].

« Mon cher Roux,

Je te donne de temps en temps des nouvelles de ma province ; tu m'accueilles toujours avec bienveillance et tu m'ouvres les colonnes de notre journal l'*Architecture*. Je suis donc encouragé à t'écrire quelquefois et je le fais encore aujourd'hui croyant le faire utilement.

Naguère, un de nos amis, un de nos maîtres, Guadet, jetait un cri d'alarme et, parlant des nouvelles conditions d'admission à l'École des Beaux-Arts, disait :

« L'opinion des juges et des professeurs a été unanime pour demander que des coefficients plus élevés fussent attribués aux épreuves du dessin et du modelage et il est à présumer qu'il en sera ainsi à l'avenir.

« Chose bizarre pour les candidats à l'École des Beaux-Arts, c'est en dessin et en modelage que les élèves nous arrivent le moins préparés. »

Pour l'honneur de notre École régionale, pour celui de nos professeurs angevins, de ces hommes dévoués qui consacrent parmi nous leur temps, leur valeur à l'enseignement de notre art, et pour ne pas laisser envahir le cœur ou l'esprit de ces derniers par le découragement, je crois nécessaire de protester un peu.

Ici, sans que le côté technique fasse défaut, sans qu'il reste à faire pour l'assouplissement des jeunes cervelles de nos élèves aux sciences exactes, les plus louables et les plus grands efforts sont tentés dans le sens de l'enseignement, conduit dans le meilleur esprit, du dessin et du modelage.

Certes, comme l'a dit Guadet, l'enseignement du dessin est souvent fourvoyé. Les lycées, collèges et écoles de France constituent un milieu d'où le sentiment artistique, en ce qui concerne au moins cet élément primordial du dessin, est le plus souvent absent. L'objet des cours qui y ont trait est tout différent de ce qu'il devrait être pour les besoins de l'art en général et du nôtre en particulier.

Le développement de l'habileté de main, l'art des procédés plus ou moins aimables qui doivent *empoigner* les badauds, l'art de préparer la sauce qui doit faire avaler un mauvais poisson, voilà les préoccupations qui régnent en maîtresses dans le plus grand nombre de nos centres scolaires ; et, généralement nous bondissons tous à la vue des pitoyables images qui sortent des mains de nos *potaches*.

[5] Lue à la séance du 4 janvier 1892.

A notre École régionale d'Angers ce n'est pas cela et il me paraît bon de le dire.

L'habileté de main, si précieuse quand elle s'ajoute au sentiment vrai des choses, à la compréhension des formes, à l'expression de la vérité, est un épouvantable danger quand elle est au service d'un esprit qui n'a pas reçu une saine culture, qui a regardé les objets sans les voir, qui n'est pas imprégné de ce que nous appelons le *rapport*, qui ne s'est préoccupé ou ne se préoccupe que de voir sortir de ses mains une gentille image.

L'homme qui la possède sans que le sentiment se soit développé chez lui se trompera lui-même avant de tromper les autres. Il se prendra à une première expression de sa pensée parce que, à peine en besogne, il aura pondu (pardon !) fait quelque chose d'adroit et qu'il croira que *ça y est*, quand au contraire, il sera absolument en dehors. Il n'étudiera pas, il laissera le papier calque dans son tiroir, il fera mauvais.

Nos professeurs enseignent ici que l'art est le langage du sentiment. que ce que nous appelons le sentiment est l'expression humaine la plus élevée, que les subtiles habiletés, le mensonge (allons-y du mot) est toujours laid, qu'il est le vice le plus radical et le plus honteux pour celui qui prétend aux choses artistiques.

Ils sont convaincus que pour l'architecte la sincérité est la première des qualités. Condamné qu'est ce malheureux artiste à se servir des autres pour exécuter ses œuvres, il faut qu'ouvriers, profileurs de moulures, peintres, sculpteurs, le comprennent absolument ; il faut que les ajustements qu'il projette ou trace dans les décorations qu'il fait comme dans les détails techniques de construction qu'il donne, se lisent et se comprennent sans écarts possibles, et pour couronner le tout, qu'ils soient l'œuvre d'un esprit imprégné du rapport ou sentiment des proportions. Il faut que ses dessins soient justes, ne laissent rien à l'interprétation, concourent absolument au même ensemble, qu'avec cela ils aient le souffle, si faire se peut, c'est-à-dire, n'est-ce pas ?.... qu'ils soient bons.....

Voilà, mon cher ami, ma correspondance d'aujourd'hui pour répondre aux accusations, très justes en général, de notre maître Guadet, mais qui ne doivent pas s'adresser à notre École angevine, où l'on marche si bien d'accord avec vous, où le rôle de préparateurs au grand enseignement que vous donnez si magistralement à Paris, et si bien, est compris de tous.

A toi de cordiale et vieille amitié. »

Gilles Deperrière.

HONORAIRES DES ARCHITECTES FRANÇAIS

Étude raisonnée, par F. Roux, architecte, membre correspondant de la Société des Architectes de l'Anjou (Extrait)

Résolutions que M. F. Roux propose à l'adoption de toutes les Sociétés d'Architectes [6].

« Pour ouvrir la porte à de nouveaux usages, les Sociétés d'architectes devraient faire discuter, adopter et pratiquer par leurs adhérents les deux résolutions suivantes, qui n'ont rien de subversif :

Première résolution :

La Société de....., considérant que les honoraires des architectes *doivent être gradués en raison de l'importance de leurs travaux et de la situation des lieux où ils les font exécuter*, ainsi d'ailleurs que l'a exposé le Conseil général des Bâtiments civils dans un avis du 12 pluviôse an VIII, et que cela a été confirmé par un arrêt de la Cour de Cassation du 27 mars 1875, *invite ses membres à s'abstenir d'indiquer pour ces honoraires des chiffres précis quand ils sont consultés, et s'il y a lieu à se prononcer à le faire seulement après avoir pris une connaissance approfondie du cas dont il s'agit.*

Deuxième résolution :

La Société.. .., estimant que le taux qu'on est convenu d'attribuer aux honoraires des architectes ne saurait être que l'indication d'une rémunération approximativement exacte et non pas un payement ferme dans la rigueur commerciale du mot ;

Considérant, d'autre part, que la profession d'architecte est une profession libérale, *invite les architectes à ne pas faire figurer dans les notes de leurs honoraires l'indication d'un taux* (sauf conventions expresses), *mais à porter pour l'estimation de leurs travaux un chiffre en bloc pour chaque objet et se basant sur des justifications nécessaires, de manière à pouvoir les produire au besoin.*

J'estime que l'application par nos confrères de ces deux résolutions serait un très grand pas fait en avant.

L'observation de la première rendrait nos confrères plus circons-

[6] Voir la lettre de M. F. Roux, page 36 de l'Annuaire.

pects et plus justes ; ce sont souvent leurs paroles inconsidérées qui sont la source de difficultés ou de méfiance entre architectes et clients.

Le public apprendrait ainsi sans effort que la rémunération de l'architecte doit être proportionnée à l'importance de son travail ; notion absolument élémentaire et à la portée de toutes les intelligences; je dirais plus, c'est qu'elle est appliquée à tout et à tous excepté aux honoraires de l'architecte.

. . . .

Sur la deuxième résolution je ne vois pas non plus d'inconvénient à poser de chiffre en bloc pour nos honoraires ; les médecins, les avocats, notaires, avoués, etc., procèdent généralement ainsi ; personne n'y trouve à redire. »

F. Roux.

TABLE DES MATIÈRES

Angers, imprimerie Lachèse et Cie, chaussée Saint-Pierre, 4,

ANGERS, IMPRIMERIE LACHÈSE ET Cie

www.ingramcontent.com/pod-product-compliance
Ingram Content Group UK Ltd.
Pitfield, Milton Keynes, MK11 3LW, UK
UKHW050920270726
13994UKWH00011B/2457

9 782329 505251